じぶんBIG LOVE!

―ゆりやん体づくり本―

ゆりやんレトリィバァ

監修
岡部友

集英社

RO NIK

KE

NIKE

RO NIK

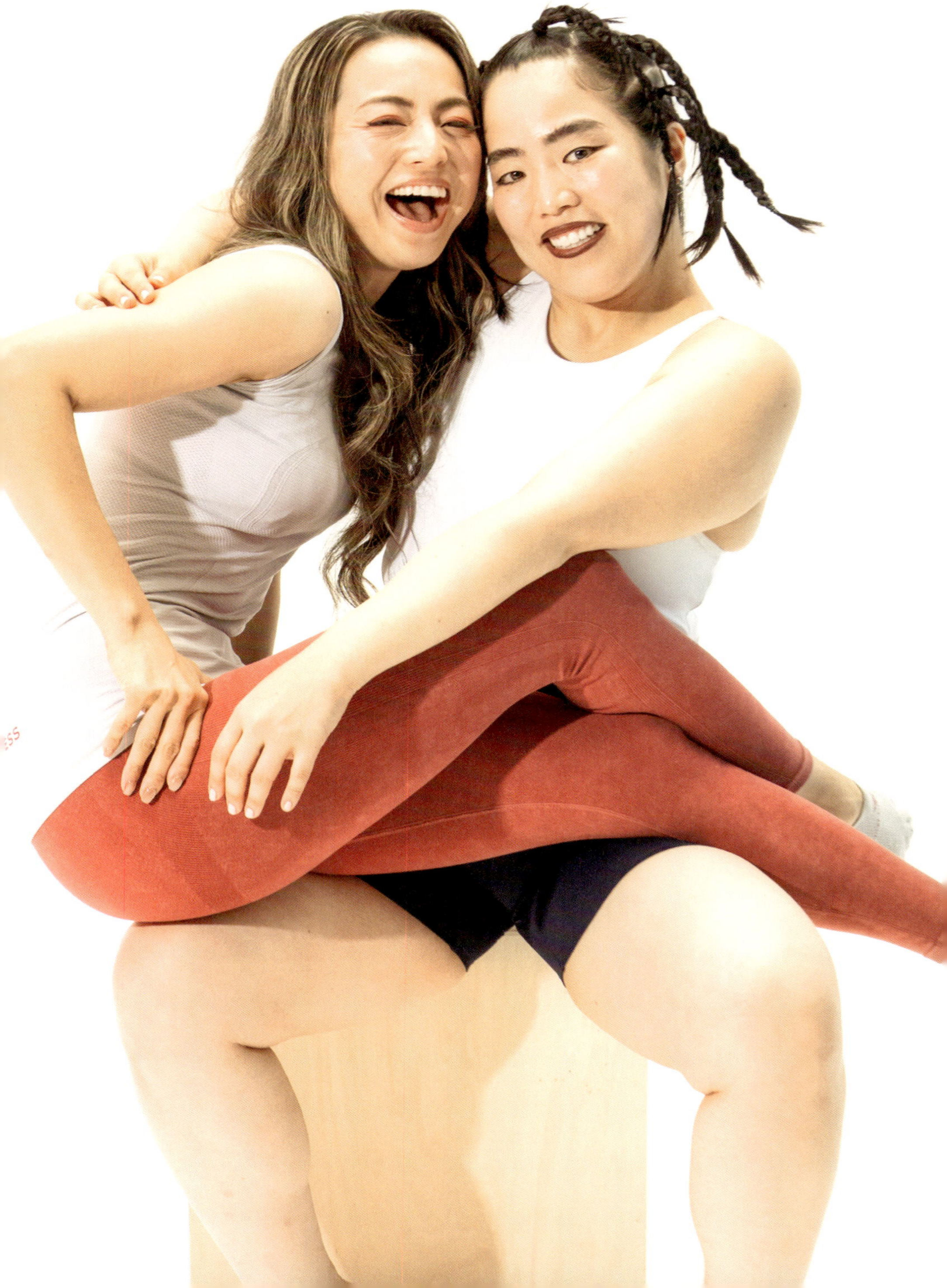

はじめに

Introduction

こんにちは。

「ゆりやんレトリィバァのダイエット本？……ダイエットといってもまだまだ太っているじゃないか。そんなやつの本、読みたいやついるのかよ……」

「ブスはやせてもブス」

「もともと太っていた人が、やせてすごいとか言われるけど、最初から太らないようにしている人の方が偉いよ……」

「女芸人が美容に走ったら終わり」

「そんなことより芸を磨けよ……」

ほっとけ！

まず、この本を手に取ってくださってありがとうございます。私たち地球人って（大規模）、人生一回ですよね。

私がゆりやんレトリィバァ（吉田有里）として生きられるのもこの人生だけですし、あなたがあなたとして生きられるのってこの人生のみですよね。では、この一生を「どうせ自分なんて……」「私はしょうがない」と思って生きていくのは大変もったいないですし、自分がとてもかわいそうじゃないですか⁉

思い出してみてください。小学校に入学して、筆箱とか下敷きとか体操服の袋とか全部そろえてもらうとき、自分が大好きなキャラクターの物を買ってもらいませんでしたでしょうか。

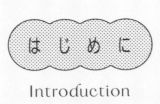

私は、サンリオのマロンクリームちゃんでした（今なら絶対ハローキティちゃん‼）。それは、この小学校6年間、このかわいい大切なグッズと一緒に学校生活をがんばりたいっていう気持ちだったからですよね。

だけど、あんなに大好きで買ってもらったのに、使っているうちに扱いが雑になっちゃった

り、人がかわいいのを持っていると自分の筆箱がかわいく見えなくなったりしてしまいました。今となっては親と物に申し訳ない気持ちです。

何が言いたいかというと、筆箱とかがそうだったように、私たちは生まれてくるときはきっと、自分はこのきれいなかわいい身体で一生楽しんでがんばるぞと思っていたに違いありません。でも、生きているうちに、周りの環境とか、勝手に人と自分を比べて、せっかくの自分を卑下して雑に扱ってしまっているような気がします。私もそうでしたし、今もまだ少しそうかもしれません。

ですが、筆箱は買い替えられても、自分を買い替えることはできないのです（あたりまえ）！　だから、この〝自分〟というのを大切にして、人は関係なく自分の一番好きな状態で一生を生きて行く方がよくないですか！　この人生という小学校6年間を!!　自分の体という名の筆箱で!!!（意味不明）

この『じぶんBIG LOVE!♡♡　〜ゆりやん体づくり本〜』は、いわゆるダイエット本ではありませんし、美容本でも、自己啓発本でもなければスピリチュアルブックでもありません。私のここ何年かの自分との向き合い方を通じて、これを読んでくださった方の何かのきっかけになればいいなあという本です。

ですが、今まで自分の体を大切にせずに、不摂生、暴飲暴食、暴飲《ボウイン》グ・マイ・ウェイだった自分を助けてくれた、フィットネス界の巨匠、体の博士、私の師匠、大親友、かわいい人、命の恩人でもあるSPICE UP FITNESSの岡部友さんからの教えもたくさん詰まっているので、きっと体づくりに役立つ本になっていることも間違いありません。

それでは、失礼いたします。またあとで〜〜〜

♡CONTENTS♡

トレーニング

美容

Before

110kg

好きな人のためにやせようとして、フラれてはリバウンドして。やせる動機は「誰かのため」ばかり。自分のことをまったく大事にできていなかった。太ってることでできるネタもあったし、健康に興味がなく、MAX110kgまで太った。

After

72kg

ミニマムは65kg。役作りで105kgまで増やし、その後ふたたび72kgまで戻す（2024年11月）。誰かのためじゃなく、自分のために行う体づくりにシフトしてからは、体重へのこだわりがなくなり、どの体型の自分も大好きに。健康診断もいつもA判定♡

ゆりやん's BODY HISTORY

幼少期

36kg

両親と姉の4人家族。同級生と映ったビデオを見るまで、ゆりやんの大きさに気づかないほど親バカで、みんな仲良し。

小学2年生

40kg

大きさが目立つように。全校生徒70人くらいで、アットホーム。誰も体型をからかったりしなかった。

小学4年生

55kg

朝のマラソンが始まったり、鉄棒をがんばったり、運動にハマって、太った印象は減った。

1990年11月1日、NYC（奈良県吉野町）で生まれました。そのときの体重は3500gくらい。2歳で、母子手帳の成長曲線を大きく突き抜けて、5歳で36kgに。母は私が小1のときに同級生と映ったビデオを見て、初めて私が人より大きめだと気づいたそうです。遅すぎる……。

小2になる前に40kgを突破。終業式のあと、校内放送で呼び出され、「何かに選ばれた！」とよろこんで行ったのに、保健室での肥満指導で。めっちゃ怒りくるったのを今でも覚えてます。でも、指導後に先生が、かわいいメモ帳をくれたので、怒りは収まりました。

中学校ではテニス部に入部。中2で部長を決めるとき、ほかにやりたい人がいたのに、私が立候補して部長になってしまって……。それがきっか

芸人になる夢にむかって、関大とNSCをかけもち！

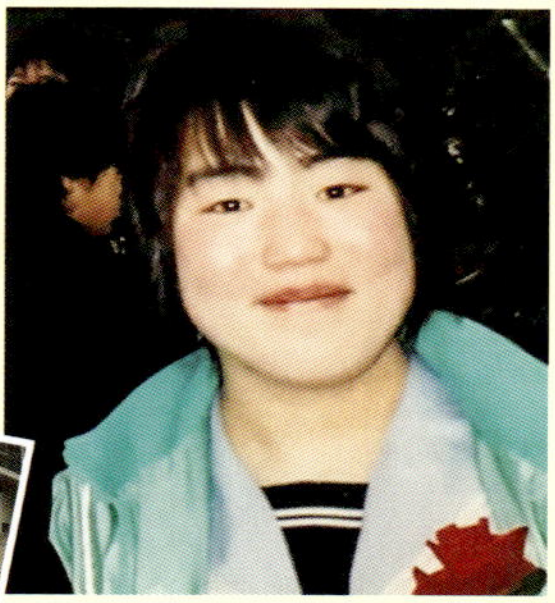

中学3年生 75kg

部活や受験のストレスで、中2の後半から体重も増加。初めて「デブ」と言われたのも中学のとき。めっちゃショックだった！

高校生 72kg

大好きな姉を追いかけて水泳部に入部。65kgまでやせるも、引退後72kgまで増。

大学生 60kg台後半

芸人になるって決めてたので落語研究会に入ろうとしたけど、隣にいたストリートダンスサークルがかっこよくて、勢いで入部。

いよいよ芸人に

けで仲間はずれにされるようになり、ストレスもあって、中2の後半くらいから、さらにまた太り始めました。人生で初めて「デブ」って言われたのも中学のとき。そんなこと言う人がおるんやってことが、めっちゃショックで！　高校受験の前には75kgくらいになっていました。

　高校に入って、大好きな姉と同じ水泳部に。部活で夏は水泳、秋冬は筋トレしてたら65kgまで落ちました。でも部活を引退したら、運動しなくなってしまい、72kgまでリバウンド。

　大学では、かっこいいなと思ったストリートダンスサークルに入ったものの、片道3時間かけて通学してたから、ほとんど練習に参加できず。3年生までに単位は全部取って、アルバイトで貯めたお金で、4年生のときにNSC（吉本

2018

芸のために太ったわけではなかったんだけど……

「自分は大丈夫」という謎の自信で健康はあとまわし。ついに「脂肪肝」と診断が……。

旧宣材

2017

2012 NSC時代

エマ・ワトソンがショートにしたのでマネしました

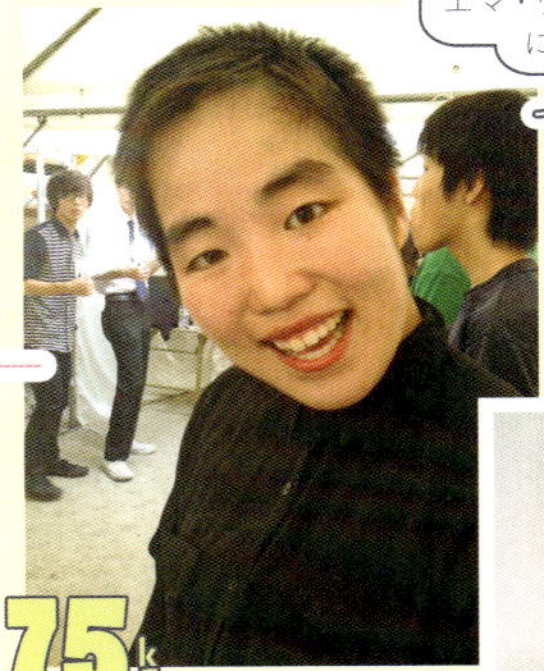

コンビニのホットスナックにハマる。NSCは首席で卒業！　いよいよ芸人に。

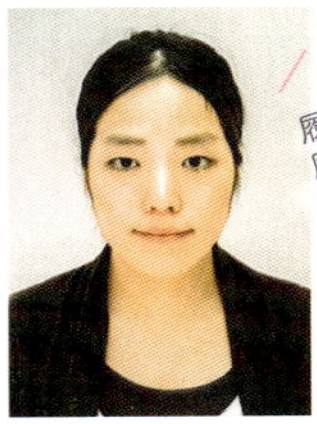

履歴書

110kgだから「百獣の王」！

2019

ゴットタレント出演

「アメリカズ・ゴット・タレント」に出演。英語でしゃべって、外国の人に笑ってもらえて感激！

総合芸能学院）に入りました。

大阪で一人暮らしを始めてからは、明け方まで芸人仲間と飲み食いして、そのまま仕事に行って……というのが当たり前。水感覚でジュースやエナジードリンクを飲んで、甘いものがほしくなったら、粉末のカフェオレをそのまま食べて。ロケ弁も5～6個食べてました。そんな生活を4年も続け、気づいたら110kgに！

でも、太ってることでできるネタもあったし、「まぁいいか」って危機感はゼロ。ただ、100kg超えたあたりから明らかにしんどくなってきて、すぐ横になっていました。

そんなとき、母から手紙が届き、「健康が一番なので、本当に心配です。少しやせてほしいです」と書かれていました。ズシンときました。今もその手紙は大事にとっています。

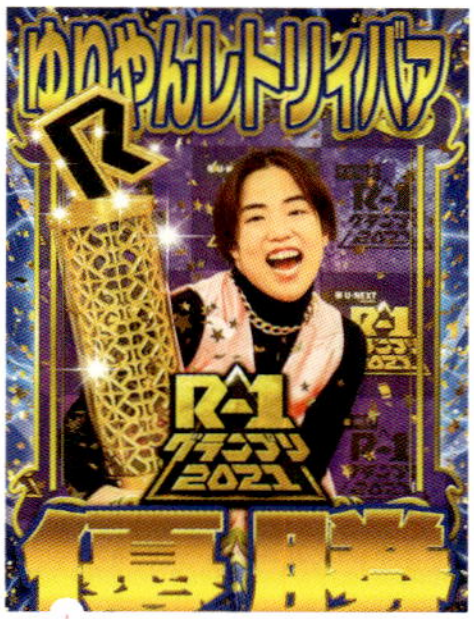

2021

R-1グランプリ優勝

小学生のときから観ていた大好きな番組で念願の優勝！「THE W」とのW受賞は史上初！

+40kg

撮影のため増量！

体型で笑いをとってるわけじゃないと証明！

65kg

-45kg

ゆっくりと、2年かけて減量！

105kg

2022~2023

Netflixシリーズ「極悪女王」撮影

夢だったアメリカ進出のチャンス！　友さんとの二人三脚で肉体改造を行い、ふたたび40kg増。「極悪女王」（独占配信中）主演・ダンプ松本役に挑む！

to be continued...

その後、岡部友さんの指導で2年くらいかけて65kgまで落としました。80kg台のときは周りから何も言われなかったけど、70kg台になったあたりから「やせてどうするんだ」と言われるように。「芸人としての武器捨てたな」と言われたときには「ネタは伝わってなかったんかな……」って落ち込みました。

そのときの思いが悔しくて「ネタにしよう！」と。おかげで、R-1で優勝できました。周りの芸人さんたちからは「ゆりやんに悪口言ったらネタにして500万持っていかれるで」って（笑）。

がんばって2年かけてやせたけど、「極悪女王」の主演に選んでいただけたので、夢だった世界進出のために、40kg増量して105kgに。

撮影終了後、また元の生活に戻してがんばってます！

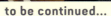

Momojiri methods

1

コンフォートゾーンをさがす

ダイエット中は、何かあるとすぐに体重計に乗ったり、何かと「数字」にとらわれがち。

でも、私が目指すのは「健康」で、「健康な生活を続けていたら、結果としてやせていた」というのが理想。「数字」を目標にすると、数字の増減に一喜一憂して、ちょっと太っては落ち込んだり、ほんの少し減っただけで安心して、また食べたり。

人にはそれぞれ、自分の身体にちょうどいい体重＝「コンフォートゾーン（心地よい状態）」があって、太るのでもやせるのでも、そこを超えるのは大変。私の場合だと75kgくらいです。

まずはいったん体重が減り止まるコンフォートゾーンを目指すところから。長く続けることを意識して、無理せずゆっくりと。一緒にがんばろう！

Keyword

comfort zone

ダイエット番組がきっかけで知り合った、ゆりやんとパーソナルトレーナー・岡部友。ボディメイクに関して師弟関係であり、二人三脚で困難を乗り越えてきた"戦友"でもある2人が、出会いからこれまでを語りつくす！

ゆりやんレトリィバァ×岡部友

桃尻CROSS TALK 前編

“太ってる自分に、もう飽きた！”

――2人の出会いは、'19年に放送された「ドSトレーニング」（フジテレビ系）でしたね？

ゆりやん（以下Y） 今まで何度かダイエット番組に出させていただいたんですが、どうせリバウンドするし、しんどいからマネージャーに「もうダイエット番組はやりたくない！」って伝えていました。でも、「最後にこういう企画がきてるんですが……」ってマネージャーが私のところに持ってきたのが、この番組のお仕事でした。

「〇〇だけ食べる」というような無茶な方法じゃなくて、3か月間プロのトレーナーがついて、食事と運動をちゃんとするというのを聞いて、それならやってもいいかも！と思ったんです。

初顔合わせの前、「お尻のトレーニングの人」とだけ聞いていて。テレビで見た「お尻に挟んだ鉛筆を折ります」ってやってた人かな？って思ってたら全然違う人やった（笑）。

岡部（以下O） （笑）。はじめに「番組のためじゃなくて、自分のためにやろう」って言ったことは覚えています。忙しいから大変だろうと思って、オリーブオイルとか、食事に必要なものをセットにして渡して。

Y わざわざフジテレビまで持ってきてくれて、めっちゃワクワクしたのを今でも覚えています。

――番組で10kgやせたものの、その後はリバウンドをしてしまったとか？

Y 番組が終わったらテストが終わったみたいな気分になって。「イエーイ！」って。何もしなくなって生活が元に戻り、また太りました。

ある日、鏡を見て「自分、めっちゃ太ってるな、なんやこれ？」って思ったんです。当時の女芸人には身体を大きくしている人もいたけど、私は別に狙って大きくしたんじゃなくて、ただ太ってしまっただけ。身体が大きいことで笑いをとってるわけでも、とりたいわけでもなくて。

LET'S ENJOY YOUR LIFE!!!!!!!!!!!!!!!!!!!!!!!!!!

そのとき、自分の未来が見えなくなって、「太ってる自分に、もう飽きた！」って思ったんです。

それで、友さんのところに行って「もう1回やらせてください」とお願いしました。初めて仕事抜きで体づくりをしようと思ったんです。友さんは「今度こそ、仕事のためじゃなくて、自分のためにがんばろう」と言ってくれました。

あのころ「THE W」で優勝して、「アメリカズ・ゴット・タレント」にも出られて。この体型でできることは、もうやりきった感じがしてました。そんなとき、友さんに「次は新しい自分になって、今までと違うステージで活躍できるようにがんばろう！　たとえばフィットネスのジャンルとか」と言ってもらいました。おかげで仕事でも新しい目標ができ、またがんばろうという気持ちになれたんです。

O　ゆりちゃんはその後、本当にナイキと仕事をしているからすごいよね！

——海外に行かれていたときは、どうされていたんですか？

Y　'20年1月からは、3か月間LA《ロサンゼルス》に行くと、前から決めていました。

O　渡米中も、オンラインで毎日レッスンを続けていました。「アメリカにいる間に変わって、みんなをびっくりさせたいね！」って話してたよね。

Y　でも、コロナの影響で2か月で切り上げなくてはいけなくなって。目標は達成できなかったけど、このときにもう一個スイッチが入った感じです。

ステイホーム期間中は、家でできるトレーニングや食事のアドバイスをもらってがんばりました。

O　ジムで普段使っているのと同じマシンを買って、家でもトレーニングできるようにしたり、低温調理器や低速ジューサーなどを取り入れて、きちんと自炊を始めたりしてたよね。

Y　友さんがやっていることを全部マネして、わからないことがあったらすぐに聞いてました。コロナ禍のときは、時間だけはあったから、いろんなことに挑戦できたんです。あのとき、自分で自分を育てていく感覚が養われました。

O　やせるだけなら何を食べていてもできるけど、ゆりちゃんはあのときに、身体を構成するものは何かという知識を身につけて、自分で必要な食べ物を判断できるようになっていったよね。わからないことがあれば、すぐ私に聞く素直なところもいいなと思った。このころから明らかに変わったなと思う。

Y　私、友さんに出会っていなかったら今ここにいないと思っています。きっと、自分の芸人としてのキャリアも頭打ちになって、メンタルがやられてました。

今までの私は、自分のことを卑下しがちだったけど、人と比べないで自分を大事にすることを教えてくれました。

食べるもので自分の身体ができる。トレーニングの結果、筋肉がついて自分の身体ができる。乗り切って、やり切ると心が強くなる。辛いことがあっても、ちやんと泣いたから心が解放できる……。そういうふうに自分と向き合っていくことを、友さんが教えてくれたんです。

誰かみたいになりたいとか、こうならないといけないとかじゃなくて、自分の最高の状態に持っていこうって思えるようになりました。

――女芸人ということで、心ないことを言われたり、体型をからかわれたりすることも多かったですよね。

Y　そういうことを言われても傷ついていなかったのが病的だったなって。もしかしたら以前の自分は自虐に持っていって、自分の心を守っていたのかも。今の自分のほうが、言われたら傷つきます。

でも、今は自分が健康になってる自信があるから、「ほっとけ！　私、あんたより長生きするで」って言い返せる。今まで積み重ねてきたものが培ってくれた自信があるから、自虐じゃない守り方に変われた気がします。

――身体が変わってきたことで、だんだん内面も変わってきましたか？

O　ゆりちゃん、トレーニングが終わったとき、自分の身体に「今日もがんばってくれてありがとう」って言ってたことがあったよね（笑）。

Y　それだけ聞いたら「頭おかしいんちゃう？」って思われそうやけど（笑）。

O　スイッチが切り替わり始めたころは、まだ自虐モードで。「身体は変わりつつあるけど、心の脂肪はまだあるね」って言ったことがあったよね。

Y　友さんが「筋肉のパフォーマンスを上げるために筋膜リリースで筋肉を柔らかくするように、心を鍛えるのも、イヤなことや辛いことを耐えるために硬くするのではなく、柔軟になったほうがいい」って言っていたのが印象に残っていて。

O　今までの経験から自虐的になってしまったわけだから。トレーニングを通して、少しずつ成功体験を重ね、習慣化していくことで心を慣らしていく……って感じかな。そうやって少しずつ変わっていけば、自虐的な自分じゃなくなるはず。

Y　友さんがいつもそばで励ましてくれて、どんなときも味方でいてくれたのは本当に大きかったです。まぁ、具体的にどんなことを言われたかというと、まったく思い出せません……。

O　（笑）。

後編（p.62-）に続く

LET'S ENJOY YOUR  LIFE!!!!!!!!!!!!!!!!!

Momojiri exercise

food
食事

じぶんの身体は、じぶんが食べたものでつくられる。だから、
食べるものを変えたら、絶対にじぶんの身体も変わるんです。

Momojiri methods

食事8割、トレーニング2割！

テレビ番組の企画などで、「○○だけ食べるダイエット」にたくさん挑戦してきました。そのときは体重が減ったけど、すぐにリバウンド。同じものばっかり食べて、途中でイヤになってドカ食いのくり返し……。肌も荒れるし、髪もパサパサになるし。やせても、私がステキだなと思うような身体とは違ってて……。

食事についての知識を身につけた今なら、「そんなんで健康的にやせられるわけないやん！」って思います。

私が、友さんの指導のもと、本気でダイエットをすると決めたとき、最初に見直したのが毎日の食事でした。友さんには、「トレーニングは、1日せいぜい1時間くらいしかできないけど、食事は1日3回食べる。だから食事が8割、トレーニングは2割のつもりでがんばろう！」と言われました。

正直そこまでやとは思ってなかったので、めっちゃ驚きましたが、今では納得。3年前、友さんの指導で45kgのダイエットに成功した後、私のワークアウ

EXERCISE

LET'S ENJOY YOUR LIFE!!!!!!!!!!!!!!!!!!!!!!!

食事編

ト姿をテレビなどでもたくさん取り上げてもらいましたが、まず大事にしないといけないのは食事なんだと言いたい！

もちろん、せっかくやせても筋肉量が減ってしまうと、代謝も落ちるし、リバウンドにつながるから、トレーニングでしっかり筋肉をつけていくことも大事。ただ、トレーニングは身体に負担をかけることでもあって。がんばってくれた身体を回復させるためにも、まずは正しい食事について知ってもらいたい。

目指すのは、「やせるための食事」じゃなくて「健康になるための食事」。ボディメイクは、健康な食生活の延長線上にあるんです。健康になるための食事を続けてたら、いつの間にかやせていた……が目指すべき状態。

不摂生をしていた20代後半、ついに「脂肪肝」の診断が。さすがにやばすぎ!! でも、食生活を見直してから、健康診断の判定はいっつもAやし、体重が減ったからか、脂肪肝もいつの間にか治ってた！

身体の不調やメンタルの不調も軽減されて、今は心身ともにめっちゃラク。イライラすることが減って、怒りにくくなったなって思います。

LET'S ENJOY YOUR LIFE!

YURIYAN'S

Momojiri methods

食べたものだけで、身体はできている

「食事はトレーニング以上に重要」という話をしましたが、「なぜ重要なのか」についてもう少しだけ。

人間の身体って、当たり前だけど、自分が食べたものだけでできているんです。ということは、食べるものを変えたら、自分の身体も絶対に変わるはず！

一回だけの自分の人生、自分の身体という乗り物で生きていくんだったら、その乗り物、うんとかわいいほうがいいなと思っていて。

だからこそ、何を食べるかにはこだわりたいと思い、食べるものをしっかり選ぶようになりました。たとえば、原材料がなるべくシンプルなものなど。いつも使ってる塩は「海水」とだけ書いてあります（笑）。

買い物のときも、前はあまり気にせずに、ぽいぽいとカゴに放り込んでいたけれど、今はちゃんと原材料表示もチェックするようになりました。

これは、やせるときだけじゃなくて、身体を大きくするときも同じ。「極悪女王」の撮影前、役作りのために65kgから105kgまで体重を増やしたんです

LET'S ENJOY YOUR LIFE!!!!!!!!!!!!!!!!!!!

EXERCISE

食事編

が、そのときも、できるだけ身体に負担がかからない食べ物で身体を大きくできればと思っていました。

食べたもので身体ができるんだし、いつもと変わらない、健康にいいものを食べて、その量を増やしたら、身体の中はきれいなままで大きくすることができるんじゃない？って思ったんです。

とはいえ、いつも食べているものだけで身体を大きくするには限界があったので、ほかの食べ物に頼ったりもしましたが。極力、原材料がシンプルなものを選ぶというところはできるだけ曲げずに過ごしました。

友さんの教えでもあるんですけど、「これを食べたらダメ」というのは全然ないんです。NGを決めてしまうとストレスになっちゃうから。それより、「こっちを食べよう」「これを食べたほうがいい」で固めていくと、ポジティブに動ける。

「極悪女王」に向けての体づくりが始まってからは、毎月Netflixで健康診断があって、血液検査もやってくれてたんです。最終的に、昔のMAXの体重と同じくらいまで増やしたけど、検査結果はいつも異常なしでした。前は脂肪肝やって言われたのに（笑）！　プロのアスリートが100kgあっても、パフォーマンスや健康状態がいいのも、こういうことなのかもって思いました。

YURIYAN'S

Momojiri methods

2

小腸で吸収されることを意識して食べる

「小腸で吸収されることを意識して食べよう」。友さんに言われてから気にするようにしています。良いものをちゃんと考えて食べても、腸内環境が悪いと、分解された栄養が吸収されなくなってしまう！　せっかく食べたのに！

腸内環境が荒れる原因はいろいろあるけど、たんぱく質を一気に摂《と》るのも、そのひとつ。分解するのに身体の負担が大きくなるので、肉や魚を食べるときには、醤《ひしお》や麹《こうじ》などの発酵食品に漬け込んで、消化しやすくするのがおすすめ。ちなみに醤麹《ひしおこうじ》の調味料を、友さんに教えてもらって手作りしてますが、めっちゃ簡単なのにおいしい！　醤麹と醤油と昆布を密閉容器に一緒に入れて混ぜるだけ。泡がぷくぷく出てきて発酵したらできあがり。卵かけごはんにのっけるとつい食べすぎてしまう……。

Smart Gutの「ルルミルク」。腸内環境を整えてくれる。きな粉みたいなので料理にかけたり、飲み物に溶かしても。

食事編

Momojiri methods

ゆりやん的・基本のルール

食べるべきものや食べてはいけないものを細かく覚えたり、難しいカロリー計算などは一切不要！　ゆりやん的・体づくりの基本は、次の3つのルールだけ！

Rule① 腹八分の適正な量を知る

Rule② 糖質を摂りすぎない

Rule③ 酸性の食べ物は中和して食べる

①では、必要以上に食べすぎている人が多いということ。②では、自分の脂肪をエネルギーに変えていくため、糖質の摂りすぎに気をつけること。③では、酸性の食べ物はアルカリ性のものと一緒に食べるようにすることについて話していきます。

Momojiri methods

Rule ①
腹八分の適正な量を知る

健康的に過ごしたいのか、やせたいのか、とにかく筋肉をつけたいのかによって、食事の量や回数は変わるので、一概に「こう食べたらいいよ」とは言いにくい。でも、ひとつだけ言えるのは、一度にたくさんの量を食べるのは、身体にとって大きな負担だということ。身体にいいものだからといって、食べすぎたら結局太ります。目安は「腹八分」！

「腹八分」とは、「もう少し食べたいな」と感じるくらいのこと。だいたい4〜5時間で「お腹がすいたな」と思うくらいが目安です。特に、やせたいなと思っている人は、「ちょっとお腹がすいたかも……」と思ってから、2〜3時間待って食べるクセをつけましょう。

そんなに待てるかい！って思うかもしれませんが、じつは「お腹がすいた」と「喉がかわいた」の違いがあまりわかっていないだけかも。口さみしいときは、まず、お水を口に含んで「本当にお腹がすいてる？」と確かめてみて。案外、喉がかわいてただけってことも。

LET'S ENJOY YOUR LIFE!!!

EXERCISE

食事編

食べたもののエネルギーを使い切ってからが、勝負。ようやく自分の脂肪がエネルギーとして使われ始めるので、やせるボーナスタイムに突入です。「食べなかったらやせるし」とガマンのしすぎもNG！ 体内のエネルギーがなくなってしまうと、今度は自分の筋肉のたんぱく質がエネルギー源として使われはじめるので、結果、筋肉量が減り、消費エネルギーも減り、太りやすい体質になってしまいます。

以前の私は、友達や芸人仲間と飲みに行くのが楽しいから食べる、時間が来たから食べる、なんとなく口さみしくて食べる……と、とにかくお腹がすいてないのに「ただなんとなく」食べてました。だから太ったんだ……ってほっとけ！

ゆりやん's choice

「お腹がすいたかも？」と思ったときはコレ！アミノ酸や脂質を摂ると、空腹感がおさまります。ためしてみてね♡

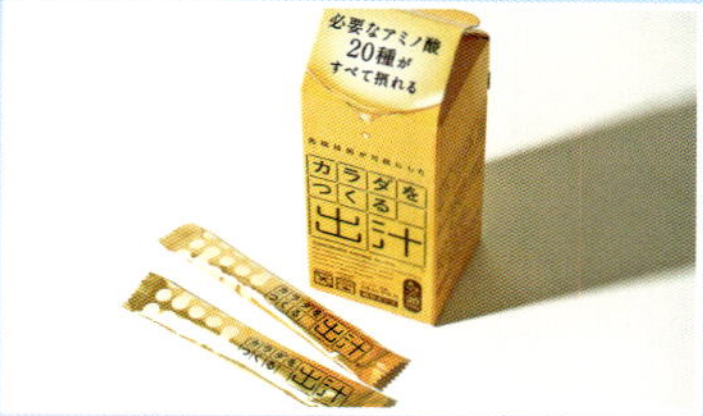

ビーバンの「カラダをつくる出汁」。アミノ酸20種が手軽に摂れる。お湯に溶かしてすぐ飲める。

ココウェルの「ココナッツMCTオイル」は小袋に入っていて持ち運びやすい。小腹が空いたら直接吸います。

アビオスの「ココナッツバター」は、製氷皿で凍らせて食べたり、そのまま食べたり、おやつ代わりに。

LET'S ENJOY YOUR LIFE!!!

YURIYAN'S

Momojiri methods

Rule ② 糖質を摂りすぎない

糖質は、もともと身体に必要な栄養素。だから、ブームにもなった「糖質制限」みたいに、「糖質をゼロにしよう！」ということではありません。単純に「ふつうの人は、糖質を摂りすぎているので、意識してちょっと減らそう」という話です。

実は、三大栄養素（たんぱく質・脂質・糖質）の中で、1日に必要な糖質の量は思っているよりも、ずっと少ないんです。だけど、外食をするとどうしても食事のメインは糖質に偏りがち。

人それぞれ必要な量は違うので、一概に「このくらいまで食べていい」とは言いづらいけど、ご飯やパスタなどの炭水化物なら、減量中は1回握りこぶしひとつ分（80～100g）が目安です。正直、もっと食べたい（笑）。

Rule①で「食べたもののエネルギーを使い切ってからが勝負。ようやく自分の脂肪がエネルギーとして使われる」と書きましたが、もともと使われていたエネルギー源が「糖質」。糖質が少ないと、代わりに脂肪をエネルギー源

LET'S ENJOY YOUR LIFE

EXERCISE

食事編

にしはじめるので、結果的にやせやすくなるんです。

逆に、「極悪女王」でダンプ松本さん役に向けて体づくりを行っていたときは、体重を増やさなくてはいけなかったので、とにかくご飯をたくさん食べたり……と、かなり糖質の力に頼りました。糖質って身体を大きくしてくれるんです。

このとき気をつけたのが「体内の炎症」。糖質を摂りすぎることで、体内が炎症を起こしてしまい、免疫力が低下。頭痛や肌荒れとなってあらわれるので、抗炎症作用のあるターメリック（p.49）やアサイー（p.77）などを摂り、炎症を抑えるようにしていました。

パンやご飯だけでなく、市販のお惣菜や野菜にも糖質は含まれているので、今摂っている糖質の量を、一気に減らすのは難しいと思います。でも、友さんは「ガマンする、制限していると思うと続かないから、少しずつがんばれる日を増やしていこう」と言っています。私も、まだときどき友さんの目を盗んで食べてしまうけど……。

糖質の代わりに良質の脂質を摂ったりして（p.50）、少しずつがんばれる日を増やしていきましょう！

Momojiri methods

Rule ③

酸性の食べ物は中和して食べる

私たちの血液って、弱アルカリ性に保たれているんです。でも、肉や魚、卵や砂糖、ご飯やパンなど、口にするものの大半は酸性なので、身体は何とか酸性の食べ物を中和しようとがんばります。

これが身体にとって大きな負担になるので、なるべくアルカリ性の食べ物の力に頼って、中和しながら食事するように気をつけています。

アルカリ性の食べ物の代表といえば、アボカドやレモンなどの生野菜！とくに緑の濃い葉野菜（ベビーリーフなど。p.40）はアルカリ性が強いので、一緒に食べるだけで中和を助けてくれる、すぐれものです。

肉や魚、卵など酸性のものを食べるときには、お皿にたっぷりのベビーリーフも盛り付けて。味つけは同じくアルカリ性で、ミネラルも豊富な海塩とレモンがベスト。

何が酸性で、何がアルカリ性なのかを覚えておくのは難しいけど、「食事のときには、必ず緑の濃い葉野菜を一緒に食べる」と決めておけば大丈夫！

LET'S ENJOY YOUR LIFE!!!

EXERCISE

食事編

といっても、常にアルカリ性の物を食べ続けるわけにもいかないので、私の場合はミネラルウォーターに「ベジパワープラス」を入れて、水代わりに飲むようにしています。ほかにも海塩とレモンを入れた自家製のスポーツドリンク（p.34）もおすすめです。

ミネラルウォーターを買うときは、ぜひラベルに書いてあるｐH表示を気にしてみてください。たいていのミネラルウォーターは中性（ｐH７前後）ですが、ｐH８以上のアルカリ性の水を選ぶようにすると、より身体の負担を減らすことができます。

ゆりやん's choice

ベビーリーフを摂れないときや持ち歩けないときの、強い味方たちを紹介します！

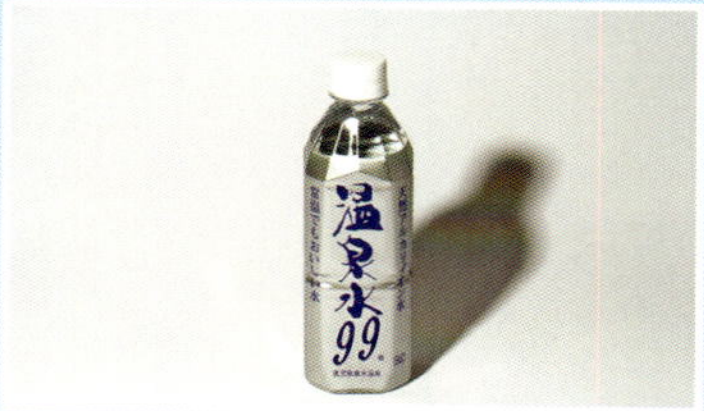

エスオーシーの「温泉水99」はpH9.9の高アルカリイオン水。「ベジパワープラス」（下）を混ぜて。

アビオスの「ベジパワープラス」は、飲むスーパーフードサラダ。非加熱で20種の野菜などを粉末化。

常に持ち歩いていて、ないと不安になる！

LET'S ENJOY YOUR LIFE!!!

YURIYAN'S

Momojiri methods

3

海塩とレモンは
中和の強い味方！

酸性の食品を食べるときの強い味方が「海塩」と「レモン」。

海塩とは、その名のとおり海水から作られた塩のこと。天日干しで作られた海塩は、マグネシウムやカリウムなどミネラルが豊富。肉や魚などの酸性食品に海塩を振りかけるだけで、中和を助けてくれるんです。

同じくレモンにもミネラルがたっぷり。レモン自体は酸性だけど、なんと体内に入るとアルカリ性に変身！　じつは、アルファルファやベビーリーフ、スプラウトなどの濃い緑の葉野菜たちと同じく高アルカリ性食品なんです。

水に海塩とレモン汁を入れると自家製のスポーツドリンクに。暑くて汗をいっぱいかいた日や、トレーニングで酸化した身体を中和するのにおすすめです。

Keyword

neutralization

LET'S ENJOY YOUR  LIFE!!!!!!!!!!!!!!!!!!

Momojiri exercise

Practice
実践

食事がじぶんをつくってくれる！　まずは全部ひととおり読んで
もらって、ひとつだけでもいいので取り入れてみてください♡

Momojiri methods

無理のない範囲で少しずつ取り入れる

体重って、単純な話、食べなかったら減るんです。でも、それだと健康的じゃない。栄養が足りてないから、元気が出なくてパフォーマンスは落ちるし、筋肉が減って、代謝も落ちて、結果的にやせにくい体質になってしまうし。だからこそ、「身体にいいものを適量食べる必要がある」という話をしてきたわけだけど、ここからは「じゃあ、何をどれだけ食べたらいいの？」という話。

読んでもらったらわかるんですけど、食べるもの自体はシンプルだし、複雑な調理は必要ありません。でも……、やっぱり面倒くさい!!

私も、コロナ禍のステイホームの時期は時間がめっちゃあったので、友さんがしていることを全部マネしよう！と、調理器具もそろえて、はりきって料理をしていました。ローストビーフを作るために低温調理器を買ったり、酵素玄米を炊くために専用の炊飯器を買ったり……。醤麹《ひしおこうじ》や納豆も手作りしてました！

実践編

でも、最近はとにかく忙しくて……家には寝に帰るだけだし、アメリカ行きの準備はしなくちゃいけないしで、部屋はぐちゃぐちゃ。せっかく買った調理器具もホコリをかぶっています……。その中で、卵だけは焼こう！とか、納豆は買ったもので済ませよう！とか、今日はたんぱく質が足りてないからプロテインは飲んどこう！とか。割り切って、今の自分にできることだけやってます。

最初から全部完璧にやろうと思うと、できなかった自分にガッカリするし、自信もなくなる。長く続けていくことを意識して、できることを少しずつでいいんです。

この本の【実践編】パートを読んで、「これなら自分でもできるかも」を少しでも見つけてもらって、一個でもいいので取り入れてみてください。続けていくうちに「これができたから、もしかしたらこれもできるかも？」と少しずつ「できた」を増やしていくうちに、どんどん自分が変わってきて楽しくなってくるはず。ちゃんとできた自分にも自信が持てて、もっと自分のことが好きになれると思う！

YURIYAN'S

Momojiri methods

朝は消化によい流動食を

朝は胃腸を休ませたいので、身体に極力負担をかけない流動食がおすすめ。

私はにんじんとレモンを、消化しやすいジュースにしています。

使っているのは、ミキサーではなく低速ジューサー。刃がゆっくり回転して食材をすりつぶしながらしぼってくれるので、カッターによる摩擦で食材の栄養素が壊れるのを防ぐことができます。

また、すりつぶすときに繊維質を取り除いてくれるので、生でそのまま野菜を食べるよりも、身体がビタミンやミネラルを吸収しやすくなります。

使う食材は、にんじん2~3本にレモン1個。友さんは、ここにしょうがやりんご、小松菜などの緑の葉野菜を加えたりすることもあるようです。

にんじんだけより、レモンを入れたほうがすっきりして飲みやすいのでおすすめです。

低速ジューサーの唯一の難点は、繊維質がこびりついたパーツを洗うのが面倒くさいところ……。

実践編

同じ量の野菜を食べようと思うと難しいけど、ジュースにすると、あっという間♡　野菜は無農薬のものを選ぶようにしています。

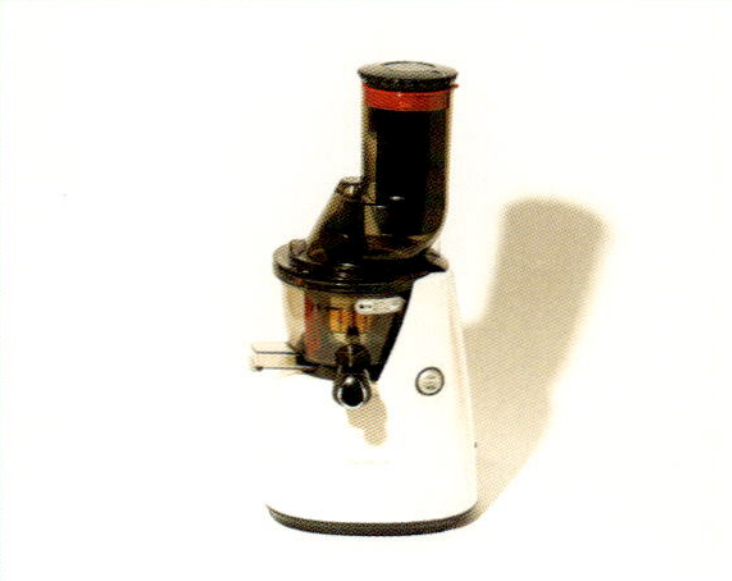

クビンスの「ホールスロージューサー JSG-821W」を愛用中。材料を放り込んでいくだけで、簡単にジュースができる。野菜をしぼるときの音はストレス解消にも！

なので、時間がないときは、水に「ベジパワープラス」（p.33）を混ぜたもので済ませることもあります。

3〜4時間経って、お腹がすいてきたなというころに、プロテインを飲んでたんぱく質を摂ります（p.46）。

YURIYAN'S

Momojiri methods

緑の濃い葉野菜をたっぷり摂る

毎日の食事に欠かせないのが「緑の濃い葉野菜」！ ほうれん草とか小松菜も緑は濃いけど、野菜に含まれる栄養素を壊さずに摂るには「生」が基本なので、ちょっと食べづらい。ケールなども食べますが、茎《くき》は消化に負担がかかるので、やわらかくて食べやすいベビーリーフがおすすめです。成熟した葉よりもミネラルやアミノ酸が豊富なのもポイント。

「緑の濃い葉野菜」には、身体の中をきれいにしてくれるデトックス作用があるんです。さんざん、不摂生を重ねてきた身体の中を、まずはキレイにして、ボディメイクのスタートラインに立ちましょう！

ゆりやん的・基本のルール③（p.32-33）で書きましたが、肉や魚、卵など、普段口にするものは基本的には酸性のものが多くて。食事による身体の負担を減らすために、アルカリ性のものを一緒に食べたり飲んだりしたほうがいいんです。「緑の濃い葉野菜」はアルカリ性なので、どんな食事をするときにも、ちょっとプラスするだけで身体の負担をぐっと減らして、体内をきれいな状態に保っ

実践編

お皿に大量に盛りつけたら、たっぷりのオリーブオイルをかけて。基本の味つけは塩のみ。飽きたら醤麹《ひしおこうじ》などで味変《あじへん》して！

てくれます。

毎食たっぷり食べるので、通販の定期便サービスを利用中。スーパーよりちょっと安くなるし、作ってる人が見えるのも安心する。出かけるときはジッパーつきの保存袋に入れて持ち歩きます。夏場は保冷を忘れずに！

サラダの味つけのメインはゲランドの塩。塩職人が天日干しで仕上げる海塩はミネラルたっぷり。お風呂に入れることで、肌からもミネラルを吸収できます♡

YURIYAN'S

Momojiri methods

卵は完璧な栄養食

「緑の濃い葉野菜」と同じくらい欠かせない食材は卵！　たんぱく質はもちろん、体内では作ることができない必須アミノ酸が豊富で、「完全栄養食」とも言われています。

1日5〜6個食べるときもあるので、質にはこだわりたくて、より栄養価の高い、平飼いの卵を買うようにしています。普通の卵より値段は高いですが、卵に含まれる栄養素をサプリで代用するよりは安いし。友さんは「卵を産んだニワトリが何を食べてきたのか」というところにもこだわるあまり、とうとう農場と契約して卵を作り始めました（笑）。

たんぱく質を多く含む白身は、加熱したほうが体内での吸収率がよくなりますが、オメガ3を多く含む黄身は加熱しないほうがよくて。ベストは黄身が半熟のゆで卵や目玉焼きです。

黄身を生で食べることを優先して卵かけご飯にするのもおすすめ。酵素玄米に納豆と生卵をのせて、よく混ぜたら仕上げに醤麹《ひしおこうじ》をのせて食べています。

実践編

ベビーリーフのサラダに卵をのせて。たっぷりのバターでスクランブルエッグに。アクセントにコショウをかけてもおいしい♡

黄身に火は通ってしまうけど、スクランブルエッグにして食べるのも大好きで、よく作ります。作るっていうほどでもないんですが……フライパンに入れて混ぜてたらできる（笑）。

おやつ代わりに、ゆで卵を持ち歩くことも。

生産者や卵の情報は、パッケージやWEBで見られるのでチェック。なるべくニワトリが自由に動けてストレスがかかっていない、平飼いの卵を選ぶようにしています。

YURIYAN'S

Momojiri methods

赤身の肉でたんぱく質を摂取

たんぱく質は筋肉だけじゃなく、肌や髪、爪の材料にもなるから、ダイエット中だからといって肉や魚などを摂るのを控えていると、肌が荒れたり髪がパサパサになったり……。生命維持に直接関係ない部分は優先されないので、たんぱく質不足があらわれやすいんです。

それなら……と欲張って一気に摂取しても、1回で吸収できるたんぱく質の量は決まってて。消化による負担を大きくしないためにも、体重(kg)×1～1・2gを1日の摂取量の目安にしてください。たとえば体重60kg前後の人なら、1回20～25g、1日60～70g前後を目安に摂るのがベスト。

肉100gに含まれるたんぱく質の量が、ちょうど1回分くらいなので、私は脂身が少ない赤身肉を、低温調理器でローストビーフにして、ベビーリーフのサラダにのっけて食べてます。大好きだから、ついつい食べすぎてしまって、何度も友さんに「食べすぎても意味がないんだよ」と注意されています。

牛肉以外には鶏肉もよく食べていて、低温調理器でサラダチキンを作ったり

実践編

できればグラスフェッド牛（牧草牛）をチョイス。レアが好きなので、食べても危なくない程度に火を通して食べてます。

します。ただ、低温調理器は時間がかかるので、面倒くさいときは焦げないように気をつけながら、焼くだけです。

アビオスの「酵素パワープラス」はパイナップルをそのまま粉末化。たんぱく質と合わせて摂ると、パイナップルの消化酵素がたんぱく質の分解を促進してくれる！

YURIYAN'S

Momojiri methods

プロテインでたんぱく質を補う

プロテインって、筋トレめっちゃしてる意識高い人が飲んでるイメージありますよね？ でも、「たんぱく質」を英語で言っただけなんで、本当は、みんな積極的に摂ったほうがいいものなんです。

摂りだめもできないから、1回の摂取量（p.44）を守って。たとえば体重60kg前後の人が、お肉だけでたんぱく質を摂ろうと思うと、1回100gくらい食べなきゃいけなくて。いくら肉が好きでも、朝からだとけっこうキツい。

消化で身体に負担もかけるし、摂ったたんぱく質が全部ちゃんと体内に吸収されるかというと微妙なところ。たんぱく質の量を優先するあまり、ほかの栄養素を摂りすぎることにもなるし……。

そこで活躍してくれるのがプロテイン！ 水に溶かして飲むだけで、効率よくたんぱく質を摂取することができるんです。液体だから消化への負担も少なく済みます。

摂りすぎはNGという話と矛盾するんですけど、多めに入れてドロッとした

EXERCISE

実践編

のを飲むのが、飲みごたえあって好きです（笑）。
飲むタイミングはいつでもいいんですが、食後にたんぱく質が足りてないなと思ったら補給する感じで。外でも飲めるように小分けにして持ち運ぶこともあります。

PURE DIAMONDの「GRASS FED PROTEIN 100」を愛飲。コーヒー味はしゃきっとする感じが気に入ってます。香料・人工甘味料不使用。

Recipe
プロテインクッキー

材料

- ココナッツオイル —— 100g
- プロテイン（好みの味のもの）—— 150g
- 羅漢果または原料糖 —— 30g
- 卵 —— 1個

1. すべての材料を混ぜ合わせる
2. ひと口大にまとめる
3. 170℃のオーブンで20分焼く
4. 焼きが足りなければ、様子を見ながら少しずつ焼く時間を延ばす

見栄えはイマイチだけど、おいしい♡

YURIYAN'S

Momojiri methods

炭水化物は酵素玄米で

ゆりやん的・基本のルール②（p.30-31）で「糖質を摂りすぎない」と書きました。握りこぶしひとつ分。1回100gまでにしています。少ない！

どうせ摂るなら、より身体に良いものを……ということで、友さんに教えてもらった「酵素玄米」を食べるようにしています。

「酵素玄米」とは、小豆と塩と玄米を一緒に炊き、3〜4日保温して熟成させたもの。熱だけでなくしっかり圧力をかけて炊く必要があるので、専用の炊飯器が必要です。毎日食べるなら、同じく専用の保温器もあると便利です。

小豆と玄米には、フードシナジーがあって、互いに足りないアミノ酸を補い合ってくれるし、ビタミンとミネラルも豊富。

いくら栄養価が高くても、糖質の量は白米と変わらないから、食べすぎたらダメなんですけど、あまりにおいしくて一気に2合食べたこともあります（笑）。

納豆と生卵をのっけて、たんぱく質を一緒に摂ったり、ベビーリーフのサラダの横に少しのっけて食べたりしても、おいしいです♡

実践編

鶏肉のたんぱく質と、酵素玄米のアミノ酸が一気に摂れるサラダボウル。たっぷりのベビーリーフで酸性の食品を中和する。

アビオスの「プロテクト300」は、フードシナジーがあるターメリックと黒コショウを一気に摂れるサプリメント。体内の炎症を抑えるだけでなく、鎮痛効果もある。

フードシナジーとは

一緒に摂ると栄養効果が高まる食べ合わせが「フードシナジー」。大根おろし＋焼魚で脂質の分解促進。ほうれん草などの非ヘム鉄＋レモンなどのビタミンCで抗炎症効果。たんぱく質＋パイナップル酵素（p.45）はたんぱく質の分解を促進してくれる食べ合わせです。

YURIYAN'S

Momojiri methods

いい油はたっぷり摂っても大丈夫

ベビーリーフを食べるときには、ひたひたになるくらいオリーブオイルをたっぷりかけます。「糖質」の量を減らすので、「脂質」をたっぷり摂らないとエネルギーが不足してしまうからです。

カロリーで考えると、不安になる人も多いんじゃないでしょうか？　でも、じつはカロリーはあんまり気にしなくていいみたい。それよりも、どの栄養素をどのくらい摂取しているかのほうが大事で。

同じカロリーのものでも、スナック菓子を食べたのと、肉や野菜を食べたのでは摂取した栄養素って全然違いますよね？　だから、あまりカロリーという数字に振り回されなくてもいいんです。

脂質は、細胞膜をはじめ、身体のあらゆる部品を作ってくれる栄養素。カロリーを怖がらずに、「必要な栄養素を摂ってるんや」と思って、たっぷり摂ってください。

オリーブオイルやごま油などの植物性オイルは、「低温圧搾（コールドプレス）」

実践編

と書いてあるものがおすすめ。というのも、植物性の油は加熱に弱いから。高温になると、細胞の働きを悪くして、体内に炎症を起こす「トランス脂肪酸」が生成されるので、注意が必要です。炒めものなどには、加熱に強いココナッツオイルやバターを使うようにしてください。

常温で液体の「不飽和脂肪酸」は加熱ＮＧ、常温で固体の「飽和脂肪酸」は加熱ＯＫと覚えておくと、迷わないです。だいたい、植物性のものは不飽和脂肪酸で、動物性のものが飽和脂肪酸なんですけど、ココナッツオイルだけは特別。植物性だけど、飽和脂肪酸。ややこしいから、「ココナッツオイル以外のオイルは火にかけない」と覚えてください。

ゆりやん's choice

選ぶポイントは遮光瓶に入っている、低温圧搾《コールドプレス》の有機オリーブオイル。2〜3週間で使い切れるサイズで。

精製されていない、アビオスの「オーガニックココナッツオイル」は加熱にも強いので炒めもののときに。

台所にめっちゃ空きビン溜まってます♡

YURIYAN'S

Momojiri methods

4

誰といつ、どこで何を食べるか

以前は、お腹がすいてるわけでもないのに何か食べたり、毎日飲みに行ったり……。食とか雰囲気を優先させて、健康のことは一切考えてなくて、バランス悪かったなって思います。

頻度は減らしましたが、もちろん今もみんなとごはんを食べに行ったりします。ただ、可能なときには、自分が食べられるものが多いお店にしてもらったり、そうでなくても、まとめてオーダーせずに一品ずつ注文して、食べる量だけでも調整したり。自分なりにバランスをとりながら楽しんでいます。

アルコールを体内で分解するのは身体に負担がかかるので、あまりお酒を飲まないようにしてるけど、仕事の打ち上げや、好きな人とデートに持ち込みたいときには、お酒にも頼ります（笑）。

いろんな要素を天秤にかけて、自分にちょうどいいバランスで。

ひとりでも通うお気に入りのお店。東京・広尾の「ビストロガストロス」(gastros.jp)。完全無農薬の産直野菜や畜産家直送のお肉が味わえます♡

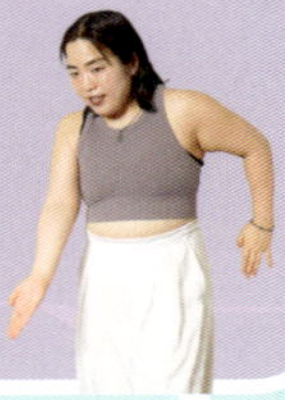

EXERCISE

Yuriyan's recommend
SNACKS

どうせ食べるなら、いいやつ

ちょっと口さみしいなってときは、誰にでもある！
罪悪感少なめ、満足感ありのおやつを大公開♡

オーガニック ココナッツクリスプ

有機ココナッツと塩だけで作られたココナッツチップス。小袋サイズなのに、食物繊維が5gも入っていて、これだけで1日に必要な量の5分の1も摂れる！

オーガニック ブラウニークリスプ

素材はシンプルで、有機ココナッツ＆カカオだけ。濃厚なカカオの香りがやみつきに。オーガニックスーパーのビオセボンで買って、ストックしてます。

グラスフェッドバター

牧草だけを食べて育った牛のミルクで作られたバター。一般的なバターより栄養価が高く、まろやか。小腹がすいたときに、そのままかじってます（笑）。

グルテンフリードーナツ（キミボク）

グルテンフリーで、卵・乳製品だけでなく、白砂糖や（ベーキングパウダーなどに含まれる）アルミニウムも不使用の焼きドーナツ。素朴な味でおいしい♡

YURIYAN'S

DO YOUR BEST!!!

LOVE YOUR BODY

Momojiri methods

5

有酸素運動は40分以内で

普段は筋トレがメインで、有酸素運動は行ってません。というのも、激しめの運動は身体を酸化させ、活性酸素を増やしてしまう行為なので(p.61)、身体の代謝を上げてくれる筋肉を育てるほうを優先させているから。

ただ、有酸素運動は減量をブーストさせてくれるので、今回のように“「極悪女王」の公開までに60kg台に戻したい”とか“本の撮影までにもう少し絞りたい”というときにはおすすめ。

ただし、なるべく体内に活性酸素を発生させないように。排気ガスを避けて、室内で40分以内限定!

有酸素運動のときの定番BGMは、ウルフルズの「ベストやねん」やSpotifyのB'zのプレイリスト。「サライ」や「栄光の架橋」を聴いて、やり遂げた感出して、泣きながら走ってることもあります(笑)。

Keyword

aerobic exercise

LET'S ENJOY YOUR LIFE!!!!!!!!!!!!!!!!!

Momojiri exercise

Training
トレーニング

せっかく体重を落としても、筋肉が落ちればリバウンドしてしまいます。

目指すはメリハリBODY♡　この世をだまらせるほどの!!!!!!

Momojiri methods

変えられるところと変えられないところ

以前の私は、ほかの人を見て「あの人めっちゃ脚長いな」「おっぱい大きくていいな」って思ったりしてました。でも、友さんとトレーニングを始めて、少しずつ身体が変わってくるうちに、いつの間にかそんなことはまったく気にしなくなっていました。人と比べてもしゃーないからです。

最初に45kgやせたとき、「まだまだデブ」「それでもブス」とか、さんざん言われました。今なら「私は細胞レベルでいろいろやってんねん！ ほっとけ！」って言い返すけど。

世の中で、いわゆる〝いいとされる女の人の価値観〟ってありますよね。骨格や体つきって生まれつきのものであって、腕や脚の長さや、全体のバランスも人それぞれ。なのに、きれいとされる基準はなんでみんな似たりよったりなんだろう。アメリカに行ったとき、いろんな体型の人がいて、それぞれに良さがあって、本人も堂々としているのを見て「私もこうでありたい」って思ったんです。

LET'S ENJOY YOUR LIFE

EXERCISE

トレーニング編

「女性らしい、魅力的なボディってどういうこと?」って友さんに聞いたら、「太いか細いかではなく、ウエストとヒップのサイズに差があって、メリハリのある身体。体重や体脂肪は関係ない」という答えがかえってきました。

脂肪がつきやすい部分は遺伝や体質にも左右されるので、自分で選べることではなくて。ボリューミーなお尻がよくても、もともとお尻に脂肪がつきにくい体質ならそもそも難しいんです。

でも、筋トレをすれば、効かせたい部分に筋肉をつけることはできる。お尻に脂肪がつきにくくても、お尻の筋肉を鍛えてボリュームアップさせれば、メリハリのあるボディになれる。自分がなりたい身体に近づける! だから筋トレで体型を変えることを〝ボディメイク〟って言うんやな、と。

私はメリハリがあって、力強くて自分らしい身体が理想。他人のようにはなれないけど、自分の好きなところを見つけて、筋トレで自分を活かした身体をつくることはできる。

「ゆりやん全然やせてない」っていう奴がおっても、「私にはやせることが正義ではない! これが私の自慢のメリハリボディなんや」って大声で言い返します! だまって寝とけ!

YURIYAN'S

Momojiri methods

プロからトレーニングを学ぶこと

私がダイエットのためにプロのトレーナーについてもらったのは、友さんが初めてです。

テレビ番組の企画で3か月間のトレーニングに挑戦。食生活も改善して、なんとか10kgやせたけど、また自堕落な生活に戻ってしまって、見事にリバウンド……。「今度こそ真剣にダイエットに取り組みたい」と思って、もう一度友さんのジム（SPICE UP FITNESS）に通わせてもらうようになって、もう5年以上になります。

今はYouTubeもあるし、筋トレのやり方自体は、トレーナーに教わらなくても知ることができます。でも、自分の身体の特徴や、筋肉や脂肪のつき方によって、今、どこをどうトレーニングすべきかは、そのときどきで変わっていくもの。また、効かせたい部分に的確に効かせられているかどうかは、自分自身では判断しづらくもあります。

足の位置や角度がちょっとずれただけでも、効かせたい筋肉にしっかりアプ

EXERCISE

トレーニング編

ローチできなくなってしまうので、理想のボディからは遠ざかってしまいます。せっかくやったのに！だからこそ、トレーニングのフォームを客観的に見てくれて、間違っているところをすぐに指摘してくれるトレーナーの存在は大きいなと感じます。

それに、筋トレも運動。身体が酸化する行為なので、なんとなくダラダラと長い時間続けるよりは、短い時間で負荷をかけて、効率よく終わらせたほうが身体への負担は少ないんです。スクワットでも、自重で１００回やるより、適切な負荷をかけて10回で終わらせる！

正しい知識があって、相性のいいトレーナーを見つけるのは大変だし、運もある。私は友さんという信頼できるトレーナーに出会えてほんまにラッキーやったし、人生変わったから、みんなにもいい出会いがあるように祈ってます！

友さんが代表を務める女性専用ジム「SPICE UP FITNESS」（東京・大阪・名古屋に5店舗）のトレーナーや仲間たちと。多いときには週4～5回通っているので、みんなすっかり仲良し♡　そばで励ましてくれる人がいるから、トレーニングもがんばれる！

YURIYAN'S

 ゆりやんレトリィバァ×岡部友 

桃尻CROSS TALK 後編

“自分の身体という乗り物で生きていく”

――「太ってる自分に、もう飽きた！」と、仕事抜きで岡部さんのトレーニングを受けるようになり、45kgもの減量に成功しましたね。

ゆりやん（以下Y） MAXの110kgから65kgまで落としました。でも、健康になるために続けていたら、結果的に自分にちょうどいい体重に落ち着いてきただけ。

特に数字を目標にしてたわけじゃないから、「65kgになったからゴール！」というものでもなくて。これまでどおりの食生活やトレーニングを続けてました。

私、毎日マネージャーに「なんかいいことある？」って聞くんですね。23時くらいに電話しても、マネージャーは「今日はまだです」って言うんですよ。「いや、今日はもうないやろ！」って（笑）。

ある日、同じように電話したら、「あります！」って、「極悪女王」（Netflix）のオーディションの話をしてくれたんです。

私は「いつかアメリカで活躍したい！」って、昔からずっと思ってたし、めちゃくちゃやりたい！って思って。

でも、ダンプ松本さんの役で、増量してプロレスラーの身体になることを考えたとき、2年くらいかけてせっかく身体を健康的な状態までもってくることができたのに、また体重増やして、その後もう一度体型を戻したとしたら、私は何歳になる？と正直悩みました。

めちゃくちゃ迷ったんですけど、やっぱり健康がいちばん大事で、ほかの何にも代えられないと思ったから、マネージャーに「健康でいたいから、できないかも」って伝えたんです。

その後、増量といっても、プロレスラーのような身体になるためにトレーニングで筋肉をつけて、できるだけ健康な方法で身体を大きくできないかな……と思い立って。友さんに「プロレスラー役に向けて、健康的に体づくりをするってなったら手伝ってもらえますか？」って聞いたんです。

岡部（以下O） ゆりちゃんから相談を受けて、なるべく健康的な方法でボディメイクをするのなら、全力でサポートしたいと思いました。

Y それを聞いて、すぐにマネージャーに「やっぱりオーディション受けたいです！」と伝えました。

——見事主演を勝ち取り、岡部さんが専属トレーナーになって、「極悪女王」に向けての体づくりが始まったんですね。

Y '20年にオーディションに受かって、撮影開始までの2年間で、トレーニングしながら40kg増やしました。

O もともと身体を大きくするポテンシャルは高いはずなんだけど、やっぱり増量は大変だったよね。

Y どうしても自分のコンフォートゾーン(p.16)の75kgくらいで止まっちゃう。

この本で紹介してきたベビーリーフだったり卵だったりの身体にいい食事だと、どんなにたくさん食べても、身体を大きくするのには限界があって。とにかくお肉や、ご飯などの糖質をたくさん摂るようにしました。昼もひとりで焼肉食べに行ったりして。

その後、ジムでトレーニングをするんだけど食べすぎて動けなくて……。なかなか太らないし、逆にやせていってるんじゃないかと焦って……。「太るのってこんなに大変なんや」と泣きながらご飯を食べていたときもありました。

でも、コンフォートゾーンを超えたあたりから、めっちゃするする増えてきて、気づいたら100kg超えてました（笑）。

O プロレスラーの役なので、まずはゆりちゃんが弱かった体幹を鍛えました。人を持ち上げたりもするので、背中や胸など上半身の筋肉を鍛えつつ、動けるようにすることを意識して。身体も、より大きく見せるために、肩や前ももの筋肉を大きくしていきました。

女性らしいラインを目指すときは、ガッチリ見えてしまうので、前ももの筋肉はあまりつけないように指導しています。

でも今回は、ダンプ松本さんの当時の身体に近づけなければいけなかったので、指導方法を変え、ガッチリ見えるような身体をつくるためのトレーニングにしました。

Y このとき、筋肉をたくさんつけたおかげもあって、そこから減量した今の身体のほうが、自分が「いいな」と思う体型に近づけたんです。前よりもっと自分の身体が好きになれました！

O 進化したね〜！

Y 以前は、まだ身体のどの部分をどうしたいかという具体的な目標はなくて。とにかく食事をきちんとして健康体になることのほうがメインでした。

でも、今回は増量期にしっかり筋肉をつけることができたおかげで、お尻の丸みもしっかり出てきて、いい感じです。

この前、ロケの帰りに銭湯に寄ったんですが、そこで鏡に映った自分の姿を見て「この銭湯でいちばんイケてる……」

って思って。ほかの人と比べないのが友さんの指導やから、本当はダメなんですけど、このときは「自分が一番！」って思っちゃいました（笑）。

O　（笑）。体づくりにはA面とB面があると思ってて。A面はトレーニングで変えられる部分を変えていくこと。

人それぞれ骨格や脂肪や筋肉のつき方が違うから、どうしても自分の思いどおりにはいかないんだよね。そういう、トレーニングでは変えられない部分も含めて、自分の身体のことが好きになれるのがB面。ゆりちゃんは、B面に到達できたわけだから、それってすごいことだと思う。

お客さんが「自分の身体が好き」って言えるようになるのは、トレーナーとしてすごくうれしい。

――「極悪女王」の撮影が終わってから、また体型を元に戻すためのトレーニングに取り組み、1年で再び30kg以上の減量に成功したんですよね！

Y　数字にこだわってはいけないんですが、今回は「なんだ、体重戻ってないじゃないか」とか言われると悔しいなって。「極悪女王」の配信開始までに、なんとか60kg台まで戻したいなと思ってがんばりました。まだ戻せてないんですけど。

――'24年の12月からアメリカに拠点を移されますが、今どんなお気持ちですか？

Y　最初はひとりでも大丈夫だと思ってたんです。でもトレーニングのことを考えると、「ぎりぎりまで自分を追い込めないんじゃないかな？」とか「ついラクなメニューばかりやっちゃうんじゃないかな？」と心配になってきました。

今はジムで友さんやほかのトレーナーさんたちに見てもらってやってるから、ぎりぎりを見極めて負荷をかけてくれる。でも、ひとりでやるとついつい自分を甘やかしてしまいそうで……。

倫理的にどうかと思いますが、本当は友さんを買い取って、アメリカに連れていきたいです（笑）。

O　（笑）。前回の渡米のときは、リモートでオンラインレッスンをやったよね。私がトレーニングを見るときがあってももちろんいいんだけど、ゆりちゃんには、もう充分な知識があるわけだから、本当は自分でできるはず。

これは私の目標でもあるんだけど、お客さんには「Depends on me（私に頼りきり）」の状態から卒業できるようになってもらいたい。

ゆりちゃんに限らず、最終的にはトレーナーに頼らなくても、トレーニングや食事を自分でできる力を提供したいと思ってる。もちろん、ずっと見てほしいって言われるのはうれしいし、モチベーションが下がったり、わからないことがあったりすれば、いつでも頼ってほしいんだけど。

Y　がんばります。

――まさに今自分を変えたいと思ってこの本を手にとってくれた、かつてのゆりやんさんのような立場の人も、たくさん

LET'S ENJOY YOUR LIFE!!!!!!!!!!!!!!!!!!!!!!!!!!!!!!

いるのではないでしょうか。

Y　私、家はめっちゃ散らかっていて、だらしないし、何をやっても長続きしない（笑）。そんな私でもできたんです！人生一回きり、この自分の身体という乗り物で生きていくわけで。それやったらこの乗り物、もっとかわいいほうがよくない？って思うんです。自分をかわいがることがどれだけ楽しいか、健康でいられることがどんなに幸せか、っていうことを体感してほしい。

O　「これさえやればＯＫ！」という魔法みたいなことはなくて。トレーニングや食事の指導をすることはできても、その人のマインドが変わるかどうかは、その人しだい。

　その人が今までどんな環境で過ごしてきたか、どんな問題を抱えているか、筋肉や脂肪のつき方、何をモチベーションにしているか……といったことは一人ひとり違うから難しい。

　だから「自分を変えるのは簡単だよ」と言うことはできないんだけど、ゆりちゃんは私の言うことを素直に受け入れてやってくれたし、私を信じてくれる力も大きかったから、私も全力でサポートできた。

Y　友さんの言うことはまっすぐで、愛があるから。

　パーソナルトレーナーさんについていただくのは初めてだったけど、それが友さんで、私はめちゃくちゃラッキーやったんです。

　初めてお会いしたときから惹かれるものはあったんですが、トレーニングを重ねるうちに、だんだんと信頼関係が強まっていって。身体のこと以外の相談にも乗ってもらうようになりました。今ではもう〝大親友〟やと思ってます。

O　ありがとう（笑）。

Y　私が続けているトレーニングや食事って、一過性のダイエットと違って、健康のためにやってることだから、これからもずっと続いていくもの。私と友さんの関係も、これからもずっと続いていきます。

LET'S ENJOY YOUR LIFE!!!!!!!!!!!!!!!!!!!!!!!!!!!!!!!!!!!

宅トレ

体幹を鍛えるとともに、お尻に筋肉をつけ、ウエストを絞ったメリハリボディを目指して！　家でもできる筋トレに挑戦しよう♡

桃尻の基本はコレ！ グルーツブリッジ 20回

サイズダウンとともに、お尻が垂れてくるのを防ぐエクササイズ。お尻を支える筋肉・大臀筋《だいでんきん》を強く育てることで、かっこいい上向きのお尻を手にいれよう♡　負荷をかけるため、バンドを使うと◎！

1

仰向けの姿勢で、足は肩幅の広さに

膝上にバンドを通して、仰向けになる。足は肩幅の広さに広げ、両手はお尻の横に置く。

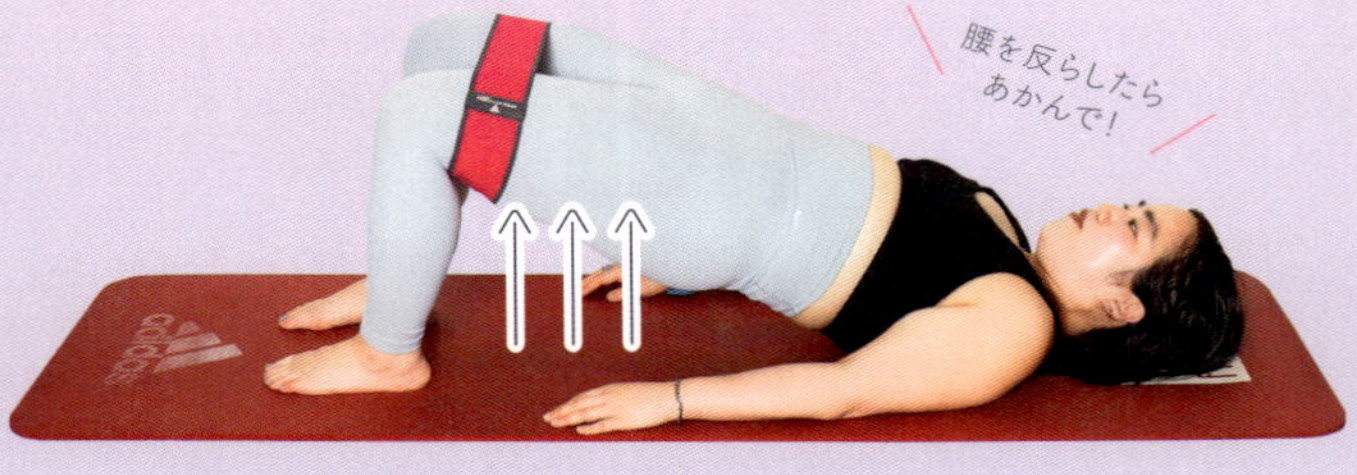

腰を反らしたらあかんで！

2

お尻を持ち上げる

お腹に力を入れて、お尻を持ち上げて3秒キープ。このとき、肩から腰までが一直線になるように。

EXERCISE

トレーニング編

HOME WORKOUT

桃尻の基本はコレ!

クラムシェル

左右各 20回

お尻の側面にある筋肉・中臀《ちゅうでん》筋を鍛えることでヒップアップ♡　サイドからもしっかりお尻を支えられるようになると、動きがブレにくくなり、体幹も安定!

1

床に横向きに寝て、上半身は起こす

膝上にバンドを通して、床に横向きに寝る。膝は軽く「く」の字に曲げて、上半身は起こす。

お尻を使って膝を開くイメージで!

2

上側の膝を持ち上げる

尻上の筋肉を意識しつつ、上側の膝をゆっくり持ち上げる。限界まで持ち上げたら3秒キープして戻す。

桃尻の基本はコレ!

スライダー・ニータック

左右各 20回

腹筋と体幹を鍛えてブレない身体に。スライダーがあると、足を滑らせやすい。ない場合は、タオルや紙皿で代用してもOK!

1

腕立て伏せの姿勢で、両足にはスライダー

肩幅の広さで手をついて、腕立て伏せのような姿勢になる。足先はスライダーに乗せる。

お尻が上がらないように注意!

2

片足を反対側にスライドさせる

片足を引きよせながら、対角線上にスライドさせ、反対側のもものつけ根まで運ぶ。

EXERCISE

トレーニング編

3
元の姿勢に戻す

対角線上にスライドさせた足を元の位置に戻す。

4
反対側の足をスライドさせる

2とは逆の足を対角線上にスライドさせ、反対側のもものつけ根まで運んだら、**1**の姿勢に戻る。

簡単そうに見えるけど、めっちゃキツい!

桃尻の基本はコレ!

プランクアップ・ニータック

左右各 15回

バンドやスライダーが不要なので、気軽にチャレンジを! 体幹と全身をまんべんなく鍛えられて、代謝もUP!

1

肘を床につき、プランクの姿勢に

肘を床につき、プランクの姿勢になる。足は肩幅の広さで、お尻が上がらない姿勢をキープ。

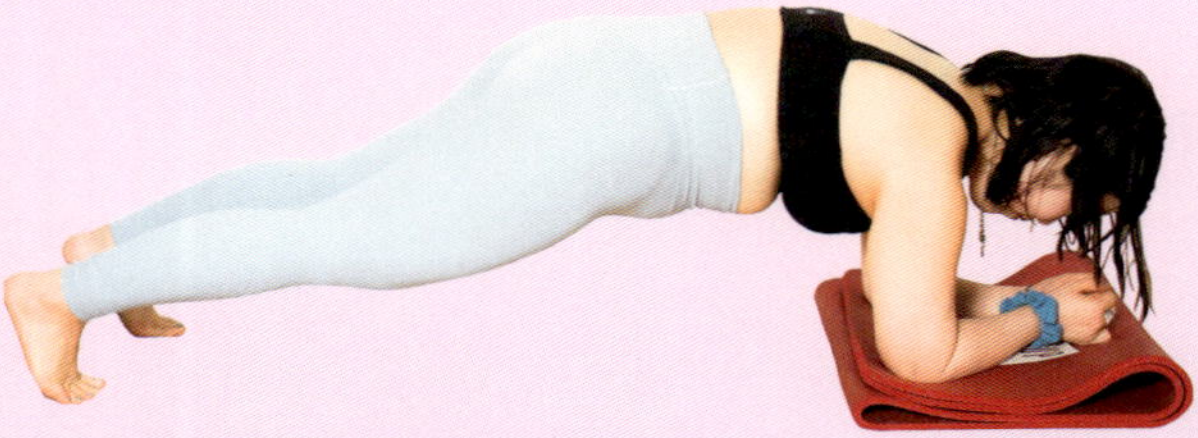

片肘ずつゆっくり持ち上げる

腰を反らさず身体は一直線!

2

手のひらを床につき、身体を持ち上げる

片手ずつ手のひらを床につき、腕立て伏せの姿勢になる。このときもお尻が上がらないようにする。

3

片方の膝を反対側に引き上げる

片方の膝を対角線上の胸のほうに向かって引き上げて、3秒キープ。

LET'S ENJOY YOUR LIFE!!!!!

EXERCISE

トレーニング編

4
腕立て伏せの姿勢に戻る

片方の膝を元の位置に移動させ、腕立て伏せの姿勢に戻る。

5
3と逆の足を反対側に引き上げる

もう片方の膝を、対角線上の胸のほうに向かって引き上げて、3秒キープ。

片肘ずつゆっくり下ろす

6
プランクの姿勢に戻る

片手ずつゆっくりと肘をついて、**1**の姿勢に戻る。お尻の位置はキープして、身体は一直線に。

桃尻の基本はコレ!

スライダー・ハムカール 15回

腹筋を鍛えてお腹をへこませながら、もも裏にも効く! お尻にボリュームをつけてメリハリのあるボディを目指そう♡

1 スライダーを かかとに置く

仰向けに寝て、足は肩幅に開く。スライダーの上にかかとをセットする。

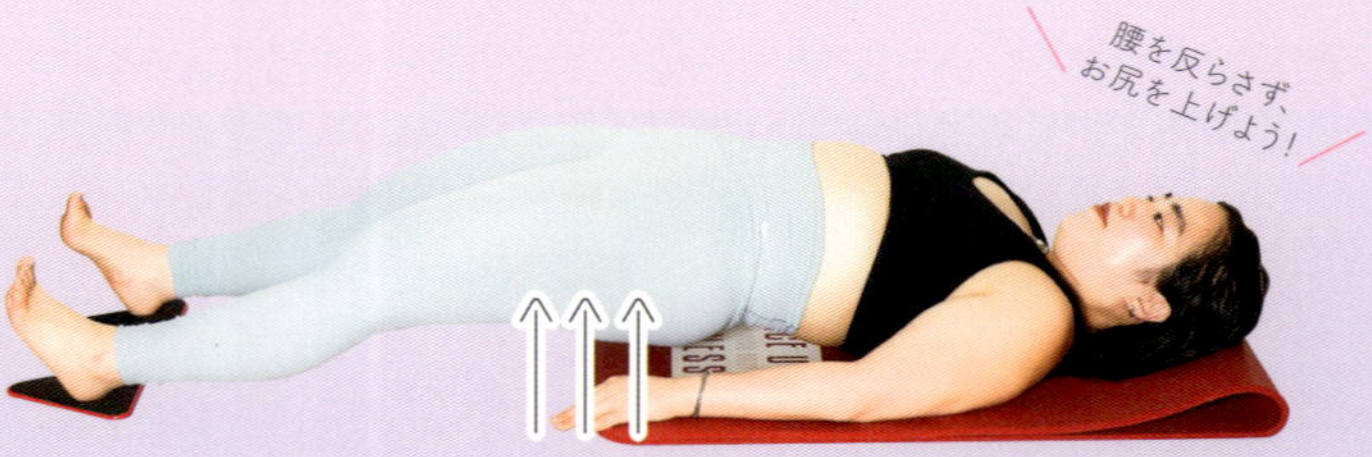

2 仰向けの状態で お尻を浮かせる

両腕で支えつつ、お尻を上に持ち上げる。このときにお腹を突き出さないように注意。

LET'S ENJOY YOUR LIFE

EXERCISE

トレーニング編

お腹は一直線に。
膝は直角を意識!

3
**かかとを
お尻に引き寄せる**

2の姿勢をキープしたまま両膝を引き、かかとをお尻の方向にスライドさせる。膝の角度は90度。

かかとをお尻の下
に入れるイメージで

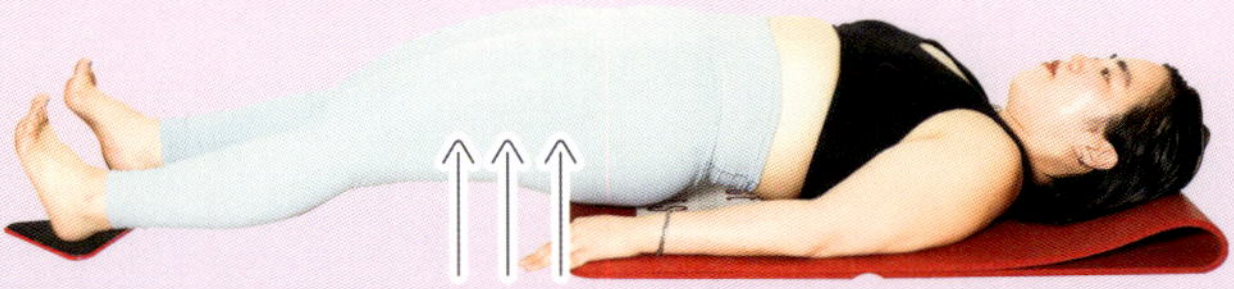

4
**仰向けの状態で再び
お尻を持ち上げる**

両腕で支えながら、もう一度お尻を上に持ち上げてキープ。

5
**お尻を下ろして、
元の姿勢に戻る**

かかとを元の位置に戻したら、お尻を床にゆっくり下ろして元の姿勢に。

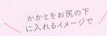

Home Workout Goods

いろんな形のダンベルやチューブなど。トレーニンググッズは、なるべくかわいい色でそろえてやる気をUP!

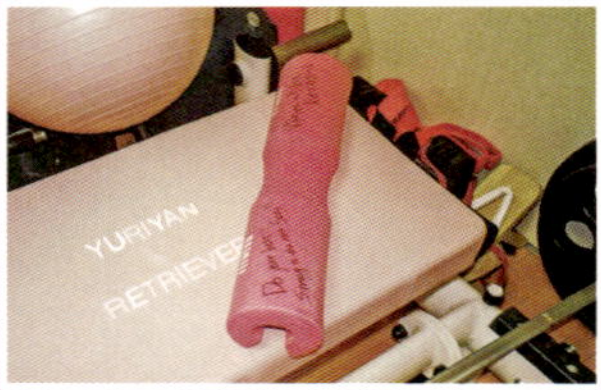

友さんの手書きのメッセージ「Do your best!! Strong is the new Sexy!! ゆりやんの本気を見せてみろ〜!」に力をもらいながら♡

「グルーツバンド・プロII（2本セット）」（SPICE UP FITNESS）。筋トレの負荷に。2本セットで負荷を調節できる。

ちょうどトレーニングに慣れてきたころにコロナ禍になって。ジムがクローズしてしまったので、思い切って自宅でトレーニングができるように模様替えをしました！

もともと寝室だった場所からベッドを取り除き、ホームジムに。ベッドの代わりに、「SPICE UP FITNESS」で使っているのと同じグルーツビルダーとスミスマシンを置いてます。〝YURIYAN♡RETRIEVER〟の名前入りで気分が上がります♡

壁には鏡を貼って、フォームや身体のチェックができるようにしました。

コロナ禍があけて、ジム通いを再開しましたが、夜遅くてジムが閉まっているときなどは、なるべく家でトレーニングしてから寝るようにしています。

Momojiri methods

6

しんどいのって、ただしんどいだけ

宅トレのコーナーで、各トレーニングの回数を書きましたが、回数は単なる目安。初めて運動する人にはキツすぎるかもしれないし、トレーニング慣れしている人には物足りないかもしれません。

どこをどのくらい鍛えたらいいかは個人差が大きくて。最初は大変でも、誰しも慣れてくると何回でもできてしまうものだし。

本来は、「もう次の1回ができない!」というまでやるのが正解。友さんによく言われるのは、「しんどいのは、ただしんどいだけ」です（笑）。

運動自体は身体が酸化する行為なので、なるべく短い時間で効率よく終わらせるのがベスト（p.61）。「まだまだやれる!」と長時間だらだら続けずに、適切な負荷をかけて短時間でサクッと終わらせて、身体の負担を減らしましょう。

Keyword

Feel your limit!

YURIYAN'S

Momojiri methods

身体の酸化を水素でケアする

ジムでトレーニングした後は、水素ケアもセットで行うようにしています。でっかい機械（※水素酸素チャンバー。SPICE UP FITNESS南青山店内に設置。p.77写真（上）参照）に入って、水素と酸素を直接吸入。これがホンマにスッキリするんです♡

スッキリ感じる理由は、身体を疲れさせる「活性酸素」が緩和されたから。運動したり、排気ガスを吸ったり、ストレスを感じたり……、呼吸するだけでも活性酸素は発生します。体内にも、元から抗酸化力は備わっているけど、なかなかじぶんの持つ力だけでは追いつかないので、食べ物や水素の力を借りてケアするのがベスト。

食べ物だと、緑の濃い葉野菜はもちろん、アサイーやレモン、ジンジャー、ターメリック、（淹《い》れたての）緑茶などが抗酸化力が強くておすすめです。でも食べ物から摂取できる量には限りがあるので、水素の力にめっちゃ頼ってます！

EXERCISE

トレーニング編

ゆりやん's choice

「水素酸素チャンバー」では、1.9気圧という気圧環境下で酸素と水素を効率的に体内に取り込めます。

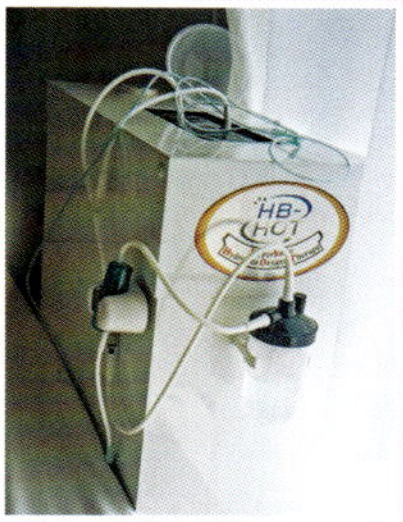
家でも水素吸入器でケア。チャンバーほどのパワーはないので、長いときは2時間くらい吸ってます。

アピオスの「効酸果」。抗酸化力の高いアサイーの濃縮エキスを、水や炭酸水で割って飲んでます。（写真は旧パッケージ）

というのも、活性酸素には身体を疲れさせるだけじゃなくて、老けさせる力があって……。せっかくトレーニングして健康になろうとしてるのに、老けるってイヤじゃないですか？ もちろん、運動するからこそ、じぶんの持つ抗酸化力が強くなるというのもあるんですが、体内で発生する活性酸素の量に、じぶんの抗酸化力が追いつかない！ 運動はちゃんとしたいけど、老けるのは困る！

水素酸素チャンバーは、ある場所が限られるけど、ほかにも水素吸入器や水素水、サプリなどのケア商品もたくさんあるので、「身体は鍛えたいけど、老けたくないな」って人は、水素ケアもチェックしてみてください。

YURIYAN'S

Momojiri methods

7

老化に抗う

テロメアって聞いたことあります？　染色体の先のほうにあって、細胞分裂のたびに短くなっていくって言われていて。

テロメアが短くなると、細胞が完全にコピーされなくなっていくんですが、これがいわゆる「老化」。

どうやら活性酸素が増えるとテロメアが短くなるスピードが早まるらしくて！　困る！　だって老けるのも早くなるってことですよ!?

アンチエイジングって、まだまだ関係ないでしょって思ってたんですけど、結局、どれだけテロメアを短くしないで過ごせるかという話なので、早くから対策を立てるに越したことはなくて。

「老い」からは逃げられないけど、少しでもそのスピードを遅らせたい……という欲望で、日々、水素を吸ったりして抗ってます（笑）。

Keyword

anti-aging

LET'S ENJOY YOUR  LIFE!!!!!!!!!!!!!!!!!!

Momojiri exercise

Beauty
美容

身体にいい食事とトレーニングを続けて変わってきたのは、

美容に対する意識。目指すのは「最高のじぶん」！

Momojiri methods

＼もっと／
内側が変わってきたら、外側も磨きたくなった

不摂生を繰り返していたころは、徹夜で飲みに行ったり、お腹がすいてもないのに口さみしくて常に何か食べたり……。特にＮＳＣ（養成所）時代はコンビニのホットスナックが大好きで、店にあるやつを全種類買ったりしていて。パスタなら1kg、ロケ弁なら5〜6個、カフェオレの粉に至っては、そのまま食べたりもしてました。今思うと信じられない（笑）。

芸人って、太っていることでボケも増えるし、マイナスにならないから。もう健康はあとまわしで、食を最優先にしてたんです。

それでも表に出させてもらってるから……と、いろいろ外側を磨くように気をつけてたつもりではありました。だけど、内側から変わろうとしてなかったんだから、どんなに外側を磨いても限界あったよなって、今さらながら思います。

食事を見直し、トレーニングを続けてきたことで変わったことはいっぱいあって、そのひとつが肌。くすみがだいぶましになりました。肌も細胞からできているんだと、ちゃんと理解して、その細胞のことまで考えて食事を摂るよう

LET'S ENJOY YOUR LIFE!!!!!!!!!!!!!!!!!!!!!!!!!!!!!!!!!!!

EXERCISE

美容編

に変えたんだから、そりゃ変わるよな、と思う。

変わってきた自分を大事にしようと思って、今は保湿のためのシートマスクをしたり、外に出るときは日焼け止めを塗って、日傘を欠かさないようにしたりしています。めっちゃ基本ですけど、ちゃんとしようって。

髪にも良い変化がありました。じつは芸人になってから、手ぐしだけで生きてきたんです。やばいですよね（笑）。

でも、ある日すすめていただいたAVEDAのパドルブラシ（p.85）で髪をとかしてみたら、たくさんあったアホ毛が減って。なんだ、自分の髪ってサラサラだったんだと知りました。

髪も肌と一緒で細胞からできているんだから、良い状態になってたんだろうけど、ブラッシングして初めてそのことに気がつけたんです。ちゃんとケアしないと、せっかく変わってても生かせてないなって。髪をとかしただけなんですけど（笑）。

外側を変えたかったら、内側にも気をつける。内側が変わってきたら外側も磨く。最高のじぶんになるためには、両方とも大事やなと思って、がんばってます。

LET'S ENJOY YOUR LIFE

YURIYAN'S

Momojiri methods

どこまでも、自分の底力で勝負したい

普段はもちろん、テレビに出るときもファンデーションはつけません。この本の撮影もほとんどのページを素肌で撮ってもらってます。

トレーニングって、そもそも自分の持ってるものを最大限に生かす、自分を最高の状態に持っていくっていう考え方があって。

友さんが教えてくれた食事の方法も同じ。自分の良いところをさらに伸ばしていく感じ。

だったら美容もできる限り自分の〝底力〟で勝負したいなって。

人と比べてばかりだったころは、気になるところがあるから、あれもしなきゃ、これもしなきゃと思っていたけど、そもそも「今の自分が最高」って思えるようになってからはコンプレックスもなくなりました。

たとえば、以前はそばかすがあることが気になってたけど、今は「そばかすも含めて自分」って思えるように。

服も、大きいサイズを買ったりするのが、前は「太ってるからしゃーない」

LET'S ENJOY YOUR LIFE!!!!!!!!!!!!!!!!!!!!!!!!!!!!!!

EXERCISE

美容編

って思いつつ、洋服屋さんで試着するのがちょっと恥ずかしいなって思ってたところも。でも、トレーニングを続けてきた今は、「この身体はちゃんと筋肉もついていて好きな体型になってる。不摂生で太って大きいサイズを選んでるわけじゃない！」って堂々とできる。

私の場合、自分のパフォーマンスを最大に上げるには「睡眠」が欠かせません。いちばん大事。理想は0時までに寝て、6時か7時までに起きる。近所の7時オープンのスタバに行って、まだ空いてるときにじーっと座って本を読んだり、仕事したりする。なかなか実践できてないけど（笑）。

睡眠時間が足りてないと、怒りっぽくなるし、最近では熱も出るように。“底力”を出していくために、快適な睡眠を追求したいなって。

生活にメリハリをつけるために、ためしにパジャマを買ってみたんです。それまでは適当にTシャツとか着て寝てたりしたんですけど。思い立って、いくつか手触りのいいパジャマを買って。寝る前に着て、起きたら着替えるようにしただけで、生活に区切りがついてダラダラしづらくなりました。

さらに快適な睡眠を追求して、去年シングルマットを買い足し、2つ並べて寝ています。寝るスペースが広がっただけで「なんやこれ！　めっちゃ転がれる！」って。まあ、普通に床で寝てたりもするんですけど（笑）。

LET'S ENJOY YOUR LIFE

YURIYAN'S

Care products

全部ゆりやん愛用品！ 「じぶん史上、最高のじぶん」になるために欠かせないケアアイテムから、激選した8点を紹介します♡

「コスメアカデミア ローション＆エッセンス」(グランセル)

ヒト幹細胞エキス配合のエイジングケアコスメ。ヒト幹細胞の力を利用して、肌そのものの働きを強くすることで、さまざまな肌の悩みを解決してくれます。

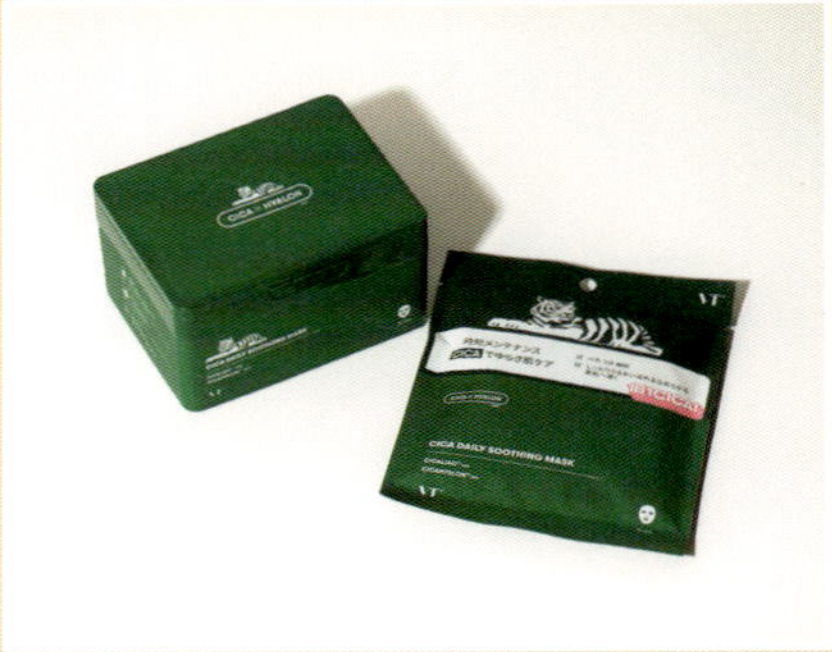

「CICA デイリースージングマスク」(VT COSMETICS)

毎朝10分貼っておくだけ。ボックス入りは普段づかいに。出張中は袋入りを持ち歩いています。コンビニなどで手軽に買えるので、忘れても焦らない！

「イーディシス オードパルファム」(Aēsop)

トレーニングを始めてから、ウッディでナチュラルな香りが好きになりました。手首とかに少しだけつけて、トレーニング中にほんのり香るくらいが好みです。

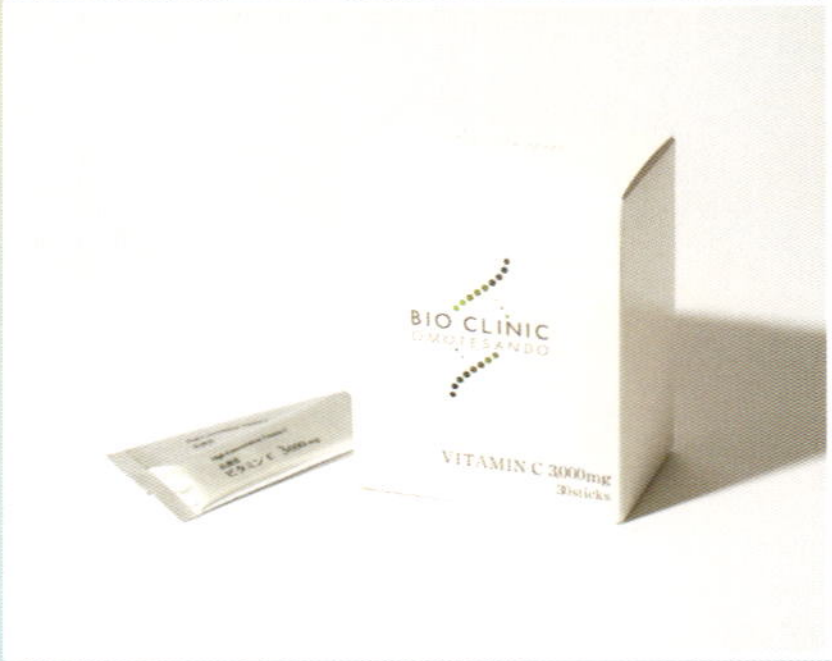

「VITAMIN C (高濃度ビタミンC)」(BIO CLINIC 表参道)

体内では合成できないビタミンCを高濃度で配合。1包で1日に腸管から吸収できる最大量相当を摂取できます。スティックタイプで持ち運びにも便利♡

LET'S ENJOY YOUR LIFE!!!!!!!!!!!!!!!!!!!!!!!!!!!!!!!

EXERCISE

美容編

大好きなキティちゃんの
ステッカーでアレンジ

「毛穴ケアスチーマー ブライトクリーン」(ヤーマン)

毛穴の汚れを取り除き、肌の土台を整え、本来のチカラを引き出してくれる。重いけど地方や海外での仕事のときにも持っていくくらい重宝してます。

「セルキュア4TPLUS」(BELEGA)

先輩のゆにばーす·はらさんにすすめられ購入。周りの芸能人にも愛用者がすごく多い。洗顔では落ちない顔の汚れが取れるし、顔もきゅっと持ち上がる!

「パドル ブラシ」(AVEDA)

手ぐしでやり過ごしてきた私がすっかりハマった名品ブラシ。髪や頭皮に負担がかかりにくい幅広のデザイン。軽くて持ち運びやすいのも◎。

「デンキバリブラシ」(ELECTRON)

低周波美容機器。頭皮も顔も一枚の皮でつながっているから、頭皮が硬くなると顔にも良くない! ピリピリする刺激がちょうどよい。お風呂上がりに♡

Momojiri methods

8

美容もプロの手を借りる

身体の負担を減らすため、トレーニングはプロのトレーナーの手を借りたほうがいいという話はしましたが、美容も同じ。

なるべく自分の底力できれいになりたいけれど、どうしても自分の力では難しいところはプロにおまかせしています。

私が脱毛などの美容医療でお世話になっているのが、「松倉クリニック代官山」さん。フォトフェイシャルや、レーザーによるシミのケアもお願いしています。

「BIO CLINIC 表参道」さんには、美容点滴でお世話になっています。私がいつもお願いするのは「超高濃度ビタミンC点滴」や「高濃度グルタチオン点滴」。食べ物から摂りづらい栄養素を点滴で摂取したりしています。高濃度ビタミンC（p.84）も愛飲中！

美容医療全般的に。「松倉クリニック代官山」（matsukura-daikanyama.tokyo）。

美容点滴で内側からケアしたいときに。「BIO CLINIC 表参道」（bio-cl.com）。

Momojiri methods

停滞期は、誰にでも必ず訪れる

LET'S ENJOY YOUR LIFE!!!!!!!!!!!!!!!!!!!!!!!!!!!!!!!!!

ダイエットを続けていると、誰でも体重が減りにくくなる停滞期にぶち当たります。この本の冒頭でも説明した「コンフォートゾーン」（p.16）が、まさにそう。減量するときも、体重を増やすときも、私の場合は75kgくらいで、いったん止まってしまいます。

「極悪女王」の撮影にむけて体重を増やしているときもそうでした。撮影の日程は決まっているのに、なかなか体重が増えなくて……。焦るし苦しいしで、泣きながらご飯を食べ続けていたら、ふっとコンフォートゾーンを超える日があって。それからは本当にあっという間に太って、気づいたら１００kg超えてました（笑）。

撮影終了後、今度は「極悪女王」の配信開始までに、せめて60kg台に戻したいと思ってがんばっていたけど、やっぱり75kgで止まってしまう。このときはなんと数か月も膠着してしまいました。

「数字に振り回されたらダメ」と頭でわかってはいるけど、さすがに「毎日が

EXERCISE

美容編

んばってるのに、なんでなん⁉」って悔しくて。

今までの私なら、「もうええわ！」ってダイエットをやめてたかもしれないけど、身体がラクになってる実感はあるから。「そもそも健康になるためにやってたことやし。いつかこの壁も絶対乗り越えられるはず！」と信じて、たんたんとこれまでの生活を続けているうちに、長かった停滞期を乗り越えて、もうすぐ60kg台に戻れる……というところまでやってきました。まだ戻ってないんや……ほっとけ！

気分が乗らないときは、誰かとご飯を食べに出かけたり、話を聞いてもらったり、いつもと違うものを食べてみたり。ちょっとした気分転換で乗り切るようにしました。1日だらけたくらいで、身体は元に戻らないから大丈夫。

毎日体重計に乗って、数字に振り回されるのはおすすめできないけど、動きがなくて焦ったときは、ただぼんやり数字を眺めるために体重計を利用するのもひとつ。「全然減らない！」とイライラしてたけど、毎日眺めていると、生理前は増えやすかったり、生理後はがくんと減ったり。「（体重が）動かない！」と思ってたけど、なんや、ちゃんと動いてるやんって思える。

がんばってきた自分を信じて、息抜きしながら、一生続けられる習慣になるペースで。日々変わっていくのを楽しみながら続けていきましょう！

YURIYAN'S

Yuriyan's Q&A

まだまだ知りたい！　ゆりやんのハマっていることや、支えになっている物、
本当はないしょにしておきたいこだわりの調味料などを紹介します♡

Q サラダの味つけ（オリーブオイル＋塩）に飽きたときはどうしていますか？

A 「上に乗せる具を変えてバリエーションを出してます。【実践編】で紹介したローストビーフやチキン以外には、コンビーフやスモークサーモンをのせたりしています。調味料は最近、**香辣脆**《シャンラーツィ》にハマってます！」

萬珍樓自家製の食べるラー油「香辣脆」。醤麹と合わせたり、そのままでもピリ辛でおいしい♡

Q ダイエット中のお酒は何を飲みますか？

A 「アルコールを分解するときに身体に負担がかかるので、基本は飲まないようにしてるけど、仕事の打ち上げや、好きな人と食事に行くときは飲みます♡ **抗酸化作用のある赤ワインか、糖質が含まれないハイボール**。日本酒はめっちゃおいしいけど糖質が高いので、その時々でバランスを考えながら飲んでます。」

Q こだわりの食材を買うのに、よく利用するスーパーなどはありますか？

A 「ビオセボンやF&Fが好きでよく行きます。閉店時間に間に合うように、仕事が終わったら、急いで駆け込みます！」

Q 最近ハマっているものは？

A 「キティちゃんが大好き♡　ちょっとレトロな感じの、昔のキティちゃんが特に好き。ほかの人がキティちゃんを身に着けてたりするのを見ると、嫉妬してしまうくらい好き（笑）。」

持ち物もキティちゃんのステッカーでアレンジ♡

Q くじけそうなとき、トレーニングを支えてくれたものは？

A 「ジムのトレーナーさんたち以外で言うと、友さんの『筋トレが折れない私をつくる！』（宝島社）。本棚にあるだけでホッとする。心のバイブルです。」

LET'S ENJOY YOUR LIFE

YURIYAN'S

おわりに

Conclusion

地球人のみなさま、読んでくださってありがとうございました。

この『じぶんBIG LOVE!♡♡ ～ゆりやん体づくり本～』を読んでいただいたので、もう私がお伝えすることはありません。だから、今の段階で、私がこの地球でやりたいことを一旦発表します！

・ハリウッド大スターになる

・アカデミー賞受賞

・グラミー賞、トニー賞、エミー賞など数々受賞

・スピルバーグに次ぐ……

・英語がネイティブスピーカー並みになる

・コメディアンとして世界中で大人気

・アメリカのテレビや映画、ドラマで大活躍！

・大量のコマーシャル

・自分のアパレルブランドが老舗大ブランドになる

・大好きな人と結婚！ 最高の家庭！

・最高の身体でこの世を黙らせる

これぐらいです。

私は、やりたいと思ったことを無理だと思わずに声に出して生きています。人にもう、どう思われてもいいです！ 関係あるか！ 全部叶えますので、よろしくお願いいたします。

もし人の目標とかにケチをつけてくる人がいるならば、その人は、自分が悔しいだけです！ 自分の人生を楽しんでいる人にはそんなことを言っている暇もないし、無意味だとわかります！ 私は結構、人にケチつけたり、ネットニュースの否定的なコメントとかも信じてしまうタイ

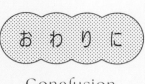

プです！　失敗したら、結構全部人のせいにします！　言ってることがむちゃくちゃですみません！

　しかし、今、自分に希望を持って元気に楽しく生きられているのは、この身体あってのことです。不摂生極まりない生活で、自分はこれでいいんだと開き直っていた私を、岡部友さんが助けてくれました。おかげで、自分の限界を決めつけずにいろんなことに挑戦できるようになりましたし、自分が自分の体を育てることができることを教えてもらったから、〝じぶんBIG LOVE精神〟で楽しめるようになりました。トレーニングで自分を強くすることで、人に何を言われても自分の意見を言えるようになってきましたし、もし、アンチと呼ばれる人がいろいろ言ってきても、目の前まで呼び出して目と目を見てビビらせることもできそうです！　余裕で！　それから、もしちょっとしんどいことがあっても、「ただしんどいだけ」で乗り越えることも、ちょっとずつできるようになりました。（あまりにもキツいことまで、全部乗り越えるのはムズい！）

　友さん、本当にありがとうございます。これからもどうぞよろしくお願いいたします。

　この本を出版するにあたって、絶対友さんなしでは語れないことばかりでしたが、独占欲が強いので、もし友さんが今以上に引っ張りだこになったらどうしよう、私だけの友さんでいてほしいのに……と少しでも思ってしまった私はストーカーです。

　友さん、お忙しい中、この出版に向けて食事やトレーニングの監修をしてくださりありがとうございました。SPICE UP FITNESSのみなさまも本当にありがとうございました。いつもトレーニングをしてくれてありがとうございます！　よーちんさん、鯉ちゃん、れいか、金田ちゃん、ぎょうざさん、ゆげちゃん、まつださん、あいりさん、たねちゃん、れいさん、かなえさん、いしえりさん、きなこさん、たけださん、宇井さん！

　さらにこの本にご協力くださった全ての皆様、本当にありがとうございます。本を出すことを実現してくださった集英社さん、編集の佐藤由多佳さん、本編の内容を全てすてきな文章にしてくださったライターの吉川明子さん、かわいいデザインに仕上げてくださったデザイナーの佐藤ジョウタさん、本当にありがとうございました。芸人として夢を叶えてくれる吉本興業のみなさん、ありがとうございます。産んでくれて育ててくれた両親ありがとうございます。姉、姉の旦那さん、甥っ子姪っ子、叔父、叔母、天国の祖父母、ありがとうございます。もうキリがありませんが、ありがとうございます。

あとがきで、多方面にお礼を言うの憧れていたんですが、キリがなくてすみません。書けば書くほど、書きそびれた方に申し訳ない気持ちが募るだけです。書きそびれた方々、本当に申し訳ありません。でも、感謝しています。ありがとうございます。

そして、最後に、この本を読んでくださった地球人のみなさん、本当にありがとうございました！

この本を読んですぐに効果が出たり、一回読むだけでポジティブになれるわけではないと思うのですが、なにかしらのきっかけになってくれたら嬉しいです。良いように言ったら、一家に一冊ある「家庭の医学」みたいな感じで、なんか運動してみたくなったり、お腹すいたときとか、自分のことがちょっと嫌いになりそうになったときに開いてもらえるような本でありたいと思います。

そろそろ宇宙に一旦帰らないといけません。これからもお目にかかれるようにがんばります！　皆様、お元気で！

バイビー！

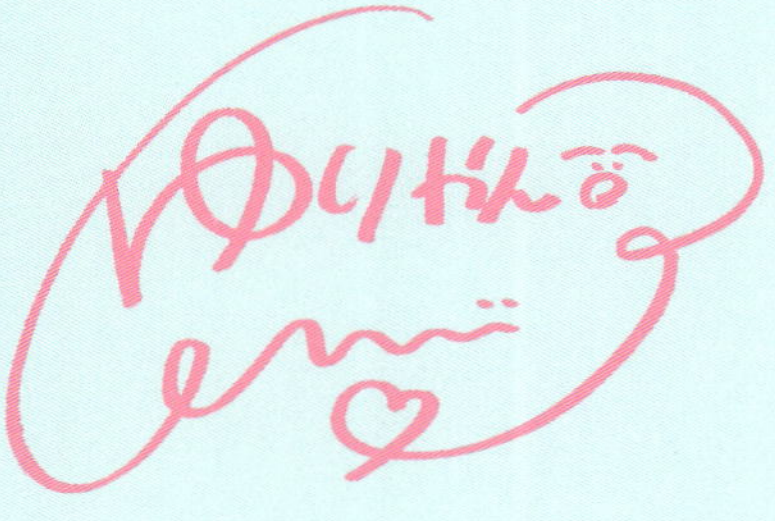

ゆりやんレトリィバァ

'90年生まれ、奈良県出身。NSC大阪校35期を首席で卒業。以降、'17年に第47回「NHK上方漫才コンテスト」優勝、NTV「女芸人No.1決定戦THE W」優勝など数々の賞を受賞。また、'19年に「America's Got Talent」に出演し、話題を呼ぶ。'21年「R-1グランプリ」優勝。'24年、Netflixシリーズ「極悪女王」主演。女優や映画監督としても活躍の幅を広げる。'24年12月、ハリウッドスターになるために活動の拠点をLAに！　自分の経歴多く書いてすみません。

Instagram　@yuriyan.retriever
X　@notinu

監修

岡部友

'85年生まれ、神奈川県出身。株式会社ヴィーナスジャパン代表取締役。フロリダ大学で運動生理学、解剖学を学ぶ。在学中に、プロアスリートに指導できるスポーツトレーナー資格のNSCA-CSCSを取得。帰国後、女性専用ジム「SPICE UP FITNESS」（東京、大阪、名古屋に5店舗）をオープン。NHK「プロフェッショナル 仕事の流儀」に出演し大きな話題となる。

Instagram　@tomo_fitness
YouTube　@tomookabechannel184

じぶんBIG LOVE! ♡♡♡

―ゆりやん体《からだ》づくり本《ぼん》―

2024年11月30日　第1刷発行

著者・イラスト　**ゆりやんレトリィバァ**
監修　岡部 友
デザイン　佐藤ジョウタ（iroiroinc.）
撮影　露木聡子
取材　吉川明子
ヘアメイク　岡田知子
フードスタイリング　肱岡香子
協力　SPICE UP FITNESS
飛渡和美
発行者　樋口尚也
発行所　株式会社 集英社
〒101-8050　東京都千代田区一ツ橋2-5-10
電話　編集部　03-3230-6141
読者係　03-3230-6080
販売部　03-3230-6393（書店専用）
印刷所　大日本印刷株式会社
製本所　ナショナル製本協同組合

Printed in Japan　ISBN978-4-08-781758-4　C2077